WILLIAM LESCAZE
Architekt

Genf – New York

1896 – 1969

William Lescaze
Essays von Christian Hubert und Lindsay Stamm Shapiro

Publiziert von The Institute for Architecture and Urban Studies
und Rizzoli International Publications, Inc., New York, 1982

Neuauflage von: Wiese Verlag, Basel 1992
mit der Unterstützung von PRO HELVETIA, Schweizer Kulturstiftung

Übersetzung: Eugen Seidel, Frankfurt am Main
Korrektur: Rotstift AG, Basel
Lithographie: E. Höhn, Oberhasli
Druck: Birkhäuser+GBC, Reinach
© 1993 Wiese Verlag, 4002 Basel
ISBN 3-909158-81-1
Printed in Switzerland

Katalog publiziert anlässlich der Wanderausstellung

WILLIAM LESCAZE, Architekt
Genf-New York 1896 – 1969

Ausstellung konzipiert durch die Syracuse University N.Y., Verwahrerin des Archivs William Lescaze, ergänzt und realisiert durch Philippe Carrard vom Institut GTA, ETHZ, in Zusammenarbeit mit Jean-Marie Duret, Albena Hazarbassanov, Fulvio Moruzzi, der Section d'architecture de l'EIG.
Präsentiert in der Schweiz durch folgende Institutionen:

Musée d'art et d'histoire de la Ville de Genève
Section d'architecture de l'Ecole d'ingénieurs de Genève
Architekturmuseum in Basel
Département d'architecture de l'Ecole Polytechnique Fédérale de Lausanne
Institut für Geschichte und Theorie der Architektur an der Eidgenössischen Technischen Hochschule in Zürich

Mit der Unterstüzung von:
PRO HELVETIA, Schweizerische Kulturstiftung
BSA, Bund Schweizer Architekten
ETHZ, Département Architektur der Eidgenössischen Technischen Hochschule in Zürich
EPFL, Département d'architecture de l'Ecole Polytechnique Fédérale de Lausanne, Atelier des maquettes.
Migros Genossenschafts-Bund

Organisationskomite:
MAH, Claude Ritschard, Brigitte Monti, Eric Burkhard, Section d'architecture ElG, Jean-Marie Duret, Albena Hazarbassanov, Fulvio Moruzzi
Institut GTA, ETHZ, Philippe Carrard

Koordination:
Institut GTA, ETHZ

INHALT

Christian Hubert
Einführung   1

Lindsay Stamm Shapiro
Die Lehrjahre: 1919-1923   6

Lindsay Stamm Shapiro
Das Werk des jungen Lescaze: 1923-1928   8

Erste Projekte   12

Lindsay Stamm Shapiro
Die Jahre der Partnerschaft und der Reife: 1926-1933   26

Projekte, entstanden während der Partnerschaft   30

Christian Hubert
Die Auflösung der Partnerschaft: 1934-1939

Individuelle Projekte   65

Christian Hubert
Die letzten Arbeiten: 1939-1969   108

Das Spätwerk   110

Bibliographie   118

Essais von Lescaze   124

Quellen   126

Dank   126

VORWORT

Im Areopag der Pioniere der rationalistischen Architektur nimmt Lescaze einen bevorzugten Platz ein. Die Prestige-Zeitschrift Fortune behauptet 1931, er sei – neben F. L. Wright und Richard Neutra - der einzige Vertreter der neuen Architektur in den Vereinigten Staaten.

Nach den auf seine Einwanderung in die Vereinigten Staaten folgenden, harten Jahren des Neubeginns, konnte Lescaze, dessen kultureller Hintergrund die Bewunderung der mit ihm verkehrenden Intellektuellen erregte, um 1928 endlich seine ganzen Möglichkeiten ausschöpfen. In einem Jahr machten Zeitschriften wie *Architectural Record*, *The Arts*, oder *The New-Yorker* seine Arbeiten einem breiteren Pulikum bekannt. Dies veranlasste die Zeitschrift *Architectural Forum*, ihm das schmeichelhafte Projekt für das zukünftige American Country House anzuvertrauen.

1929 «zog er», so Henry Russel Hitchcock, mit der Oaklane Nursery «die Aufmerksamkeit Amerikas auf die neuen architektonischen Möglichkeiten». Doch Lescaze und sein Partner Howe erlangten erst 1932, mit dem Bau des Hochhauses für die Philadelphia Saving Fund Society, die volle Bestätigung ihrer Arbeit. Diesem beeindruckenden Gebäude, das auch heute noch durch die gekonnte Lösung seiner Volumen und die Freiheit seines Grundrisses besticht, kam viele Jahre lang kein anderes gleich. Erst das Seagram Building von Mies van der Rohe und das Lever House von Skidmore, Owing and Merrill konnten, vom architektonischen wie technischen Blickpunkt aus betrachtet, als vergleichbar gelten.

Le Corbusier selbst sagte, anlässlich seiner «Reise ins Land der Zaghaften» 1936, dass das von Howe und Lescaze entworfene und realisierte Gebäude der Welt gegenüber «die Würde des neuen Zeitalters» vertrete.

Andere, manchmal recht unerwartete Stimmen schlossen sich diesem Loblied an: Hitchcock natürlich, aber auch Mumford, Jordy und Philip Johnson, der das PSFS Gebäude als «das interessanteste Architekturwerk dieses Landes ...» bezeichnete. Nicht weiter erstaunlich also, dass an der Ausstellung vom Februar bis März 1932 im Museum of Modern Art in New York die Arbeiten von Howe and Lescaze denen von Le Corbusier, Mies, Gropius, Neutra und Wright beigesellt wurden.

Von da an wurde Lescaze, der sich grosser Anerkennung erfreute, mit den anspruchsvollsten Aufträgen betraut. Er schuf Projeke für das Museum of Modern Art in New York und realisierte Aufnahmestudios für eine der Gesellschaften der damals gross aufkommenden Film- und Radioindustrie, die Columbia Broadcasting System in Hollywood.

Für die immer bedeutender werdende und sich schnell ausbreitende Luftfahrtindustrie baute er dann dass Pavillon für die Weltausstellung von 1939 in New York. Bei dieser Gelegenheit beauftragte ihn sein ursprüngliches Heimatland, die Schweiz, ebenfalls mit der Verwirklichung ihres Pavillons. In Anerkennung seiner Pioniertätigkeit bei der Verwendung neuer Werkstoffe, vertrauten ihm diverse Unternehmen – wie etwa die Kimble Glass Company in Vineland, New Jersey – die Projektierung und Realisierung ihres Geschäftssitzes an.

Zusammen mit dem von Lorraine Lanmon* verfassten Werk, ermöglichen es die von Christian Huber und Lindsay Stamm Shapiro verfassten Texte dieses Katalogs, den faszinierenden Werdegang von William Lescaze nachzuvollziehen und seinen Beitrag an die neue Architektur zu würdigen.

Die Erscheinung dieser Neuauflage eines ursprünglich 1982 bei Rizzoli veröffentlichen, mittlerweile vergriffenen Werks, überschneidet sich mit der Eröffnung der Ausstellung über William Lescaze, die vom 8. Dezember 1992 bis zum 24. Januar 1993 im Musée Rath in Genf, stattfindet.

Diese Wanderausstellung, die von der Universität von Syracuse (N. Y.) entworfen und durchgeführt wurde, in der auch die Archivmaterialien des Architekten untergebracht sind, wurde in der Schweiz dank einer gemeinsamen Initiative des Institut für Geschichte und Theorie der Architektur an der ETH Zürich und dem Centre de Documentation d'Architecture de l'Ecole d'Ingénieurs in Genf organisiert.

Wir möchten all jenen Personen und Instiutionen danken, die durch ihren Beitrag zum Erfolg dieser Veranstaltung beigetragen haben: insbesondere der Universität von Syracuse, die die Präsentation wertvoller Originaldokumente ermöglichte; der Eigentümerin des PSFS Gebäudes, die uns das Mobiliar der Bank zur Verfügung stellte; den Schulen und Museen, die die Ausstellung beherbergen werden und bei ihrer Organisation und Finanzierung mithalfen, der Stiftung Pro Helvetia, dem Bund Schweizer Architekten (BSA), dem Verband Schweizer Ingenieure und Architekten (SIA), dem Migros-Genossenschafts-Bund, die uns ihre finanzielle Unterstützung gewährten, und schliesslich der Interassar, die die französische Ausgabe des Ausstellungskatalogs übernahm.

Für das Organisationskomitee
Jean-Marie Duret und Fulvio Moruzzi

*«William Lescaze, Architect», Association University Press, 1987.

Einführung

Christian Hubert

1932 veranstalteten Henry-Russell Hitchcock und Philip Johnson im damals erst zwei Jahre bestehenden Museum of Modern Art eine Ausstellung moderner Architektur. Zur Ausstellung erschien ein von Hitchcock herausgegebener Katalog, der einen Essay von Lewis Mumford über Wohnungsbau enthielt. Noch im selben Jahr erschien eine umfangreichere und etwas polemischere Interpretation zeitgenössischer Tendenzen, die Hitchcock und Johnson unter dem Titel The International Style publizierten. Die Ausstellung, die eher den Charakter einer aktuellen Retrospektive hatte, als daß sie wie beabsichtigt Wegweiser für «neue Richtungen» gewesen wäre, setzte immerhin die Parameter fest, nach denen sich der Architekturdiskurs in den folgenden Jahren richtete. Die meisten ausgestellten Arbeiten waren in Europa gebaut worden. Bedeutende Beiträge aus den Vereinigten Staaten kamen lediglich von Richard Neutra (das Health House) und von George Howe und William Lescaze (der Neubau der Zentrale der Philadelphia Saving Fund Society).

Der Begriff «Internationaler Stil» wirkt wie maßgeschneidert für Lescaze. «International» war er schon deswegen, weil er in der Schweiz geboren und ausgebildet wurde, bevor er 1920 nach Amerika auswanderte. Der Großteil seiner Karriere spielte sich in den Vereinigten Staaten ab, doch kamen ständig europäische Einflüsse hinzu, die Lescaze bei seinen beinahe jedes Jahr stattfindenden Besuchen in der Alten Welt aufnahm und die er seinen Kontakten mit den Persönlichkeiten und Arbeiten der europäischen Avantgarde verdankte. Für das Verständnis von Lescazes Arbeit ist es hilfreich festzustellen, inwieweit sie sich an die Vorgaben des von Hitchcock und Johnson definierten «Stils» hält.

Die Autoren von The International Style stellten die These auf, daß in der modernen Architektur ein neuer Stil — einheitlich, umfassend und zeitgenössisch — im Entstehen begriffen war; da die Prinzipien dieses Stils sich formulieren ließen, konnte man ihn als Maßstab für den Innovationsgrad und die Eigenart spezifischer Arbeiten verwenden.[1]

Mit der Ausstellung im MoMA und der Veröffentlichung von The International Style gelang es Hitchcock und Johnson, die Gelehrsamkeit und museale Kompetenz des Kunsthistorikers mit den normierenden und wertenden Funktionen des Kritikers zu verknüpfen. Die Autoren behaupteten, daß die den Stil definierenden Bauwerke bereits existierten und daß sich eine Reihe von formalen Prinzipien daraus ableiten ließ — Raum anstelle von Masse, Regelmäßigkeit anstelle von Symmetrie, das Fehlen von Ornamenten sowie die Betonung der Horizontale —, die wiederum eine Reihe von Normen ermöglichte, die von einzelnen Architekten beachtet werden konnten. Die Autoren von The International Style gestanden zwar dem «kreativen» Architekten eine gewisse Freiheit bei der Auslegung der Normen zu, doch bestanden sie auf einer disziplinierten Einhaltung dieser sittlichen Regeln. Daher ziehen sich korrigierende Anmerkungen durch den Text und die Bildunterschriften des gesamten Buches hindurch.

Die Autoren behaupteten zwar die allgemeine Gültigkeit ihrer Konzeption und ihre Eignung zum Ausbau und zur Änderung in den Händen der Praktiker, aber sie spürten auch, daß der schematische Aspekt des Buches zu weniger wünschenswerten Konsequenzen führen konnte. Es bestand die naheliegende Versuchung, diese Prinzipien noch weiter zu reduzieren und aus ihnen eine Reihe von Motiven und formelhaften Kompositionen zu destillieren, die einen Abklatsch der Moderne erzeugten und eher den Geist der Beliebigkeit als den des verbindlichen Stils verkörperten.

Lescaze gehörte zu der Generation, an die sich The International Style wandte. Er war kein individualistischer «neuer Pionier» wie Le Corbusier, Gropius oder Mies van der Rohe, doch für ihn und viele seiner Generation wurde der Internationale Stil zur gemeinsamen Sprache.

Lescaze kam in erster Linie nach Amerika, weil er sich dort verwirklichen wollte. Er wollte «das Monumentale» bauen. Diesen Begriff hat er zwar nie eingehend erläutert, doch meinte er damit vermutlich das Bauen im großen Maßstab. Seine Ausbildung bei Karl Moser in Zürich hatte ihm eine rationalistische Einstellung zur Gestaltung, aber kein gut ausgebildetes Vokabular vermittelt. Mosers eigene Arbeit, die vom deutschen Expressionismus und vom neoklassizistischen strukturellen Rationalismus Auguste Perrets beeinflußt war, hinterließ bei seinen Studenten weniger Eindruck als seine rationale und historisch nicht besonders tief verwurzelte Pädagogik. Moser gab dem Experiment den Vorrang vor der Wahrung der Tradition. Er zog daher die wagemutigeren Studenten an, von denen viele später ihren Respekt für ihn bekundeten, indem sie Moser 1928 zum ersten Präsidenten des CIAM (Congrès International d'Architecture Moderne) in La Sarraz wählten. Bei dieser Tagung war Lescaze der einzige Vertreter der Vereinigten Staaten. Die frühen Arbeiten von Lescaze lassen eine Vielzahl von Einflüssen erkennen. Seine Stilbildung Ende der zwanziger und Anfang der dreißiger Jahre war ebensosehr von der Art-déco-Ausstellung 1925 in Paris und ihrer amerikanischen «zig-zag moderne»-Interpretation wie von den Arbeiten Le Corbusiers und der Bauhausarchitekten beeinflußt. Man kann auch durchaus feststellen, daß er nicht gegen den kritischen Einfluß Hitchcocks und Johnsons immun war. Projekte wie die Vorschule für die Oak-Lane-Country-Tagesschule 1929 und das Haus Field 1930–1931, die Lescaze in seiner Partnerschaft mit Howe entwarf, wurden damals zu den ersten amerikanischen Beispielen des von Hitchcock und Johnson definierten Internationalen Stils gezählt. Das wichtigste Gebäude des Büros, jenes für die Philadelphia Saving Fund Society (aufgrund der riesigen Neonlettern, die vom Dach des Gebäudes herab strahlten, als PSFS bekannt), lenkte diesen Stil in eine eher strukturelle, wenn nicht gar konstruktivistische und funktionale Richtung.[2]

Auf eine sehr ähnliche Weise demonstrierte das Siedlungsprojekt, das das Büro für die Chrystie- und die Forsyth-Straße in New York entwarf, das Engagement des Büros für neue Formen des Wohnens, die zur damaligen Zeit von der europäischen Avantgarde propagiert wurden. Viele Entwürfe Lescazes aus den dreißiger Jahren nach der Auflösung der Gemeinschaft, darunter die Stadthäuser in New York, seine Arbeiten in England und das Longfellow Building in Washington, lassen sich mit den Begriffen des Internationalen Stils beschreiben. Am Qualitätsverlust von Lescazes Arbeiten nach dem Zweiten Weltkrieg dagegen wird der Niedergang des Stils offenkundig.

Manchmal jedoch kamen Lescazes Arbeiten einer ziemlich entwerteten Form des Internationalen Stils gefährlich nahe. Er entwickelte eine Fixierung auf Konglomerate kubischer Volumina, die durch die Verwendung von offenen, abgerundeten Eckstücken eingefaßt wurden, und wandte diese kompositorische Strategie in jedem Maßstab an, von der Möblierung über die Innenarchitektur bis hin zu ganzen Gebäuden.

Eine solche Charakterisierung ist zwar ihrerseits eine Reduktion und in gewisser Weise eine Parodie. Doch erscheint es nicht übertrieben zu sagen, daß Lescazes allgemeiner Sinn für Komposition häufig schwach war und er dazu tendierte, die Formen der Moderne nachzuahmen und sie so zusammenzusetzen, daß manchmal ein pittoresker, wenn nicht gar unbeholfener Eindruck entstand.[3]

Selbstverständlich ist es unmöglich, die Arbeit von Lescaze zu besprechen, ohne die vertrackte Kontroverse um die Urheberschaft zu berücksichtigen, die zwischen den Partnern auftrat und auch in spätere Beurteilungen der Arbeit der Sozietät Eingang fand. Das PSFS war der Anlaß für die Gründung der Bürogemeinschaft.[4] Es entbehrt nicht der Ironie, daß der erste und einzige Moment der gemeinschaftlichen Arbeit zwischen Howe und Lescaze — der auch nicht von Spannungen verschont blieb — der Höhepunkt in den Karrieren beider Männer bleiben sollte. In vieler Hinsicht ergänzten die beiden einander. Howes Beaux-Arts-Disziplin diente als Gegengewicht zu Lescazes üppigerer Phantasie, und Lescazes enthusiastisches Bekenntnis zu modernen Umgangsformen kontrastierte mit Howes distinguierten Manieren. Wenn die Partner in der Lage gewesen wären, ihr Arbeitsverhältnis zu festigen, so ist zu vermuten, hätte der Erfolg des Büros den Erfolg des jeweils einzelnen übertroffen.

Doch ebensosehr wie den Architekten, gebührt die Verantwortung für den Erfolg des PSFS dem Bauherren, genauer gesagt James Willcox, dem Präsidenten des Saving Fund und Vorsitzenden des Bauausschusses. Gestalterische Entscheidungen, die das Gebäude betrafen, wurden entweder zwischen Howe und Willcox, Lescaze und Willcox oder zwischen den Partnern und ihren Mitarbeitern getroffen. Daher erscheint es falsch, einer einzelnen Person die primäre Urheberschaft innerhalb dieses Prozesses zuzuweisen. Eine der «Entstehungslegenden» der Architektur ist die Vorstellung, ein fertiggestelltes Gebäude lasse sich auf die erste Skizze einer einzelnen Person zurückführen. Auch wenn Howe die «ursprüngliche» Skizze für das Gebäude fertigte, war es doch die «Weihnachtsskizze» von Lescaze, die die von Howe skizzierte Grundidee umwandelte und aktivierte und dem Gebäude einen seiner markantesten Aspekte, die gerundete Ecke der höhergelegten Schalterhalle, verlieh.

Mit Sicherheit war das PSFS eine gemeinschaftliche Unternehmung. Dies gilt jedoch nicht gleichermaßen für die anderen Projekte des Büros, mit Ausnahme des PSFS-Parkhauses und möglicherweise der Schule Hessian Hills von 1931/1932. Die Gesellschaftsvereinbarung der Partner wies Howe die Verantwortung für die Kontakte mit Bauherren und Lescaze die Verantwortung für das Entwerfen zu. Die Partner unterhielten getrennte Büros: Howe arbeitete in Philadelphia und Lescaze in New York. Diese Regelung genügte den Anforderungen des PSFS-Auftrages völlig. Howe und Willcox konnten den Entwurf «unter Gentlemen» besprechen, und Lescaze und seine Mitarbeiter konnten ihre eigenen Änderungen nach und nach in die Zeichnungen einbauen, die alle in New York erstellt wurden. Bei anderen Projekten erwies sich diese Aufteilung der Verantwortung jedoch als weniger effektiv. Zwischen den Partnern kam es zu Meinungsverschiedenheiten darüber, welche Arten von Aufträgen wünschenswert waren und wie sie akquiriert werden sollten. Beim Entwurf der Oak-Lane-Country-Tagesschule — dieser Auftrag kam durch die Vermittlung von Leopold Stokowski zustande, der zuvor Lescaze damit beauftragt hatte, das Interieur für seine New Yorker Wohnung zu entwerfen — lag die Entwurfsverantwortung unverkennbar bei Lescaze. Die daraus entstandene Freundschaft zwischen Lescaze und William Curry, dem Schulleiter, führte später zu Arbeiten in England, die Lescaze ohne Howe, aber weiterhin im Namen des Büros, ausführte. Das Vokabular Lescazes unterschied sich immer deutlicher von dem Howes. Besonders deutlich wird dies bei den nachträglichen Änderungen, die Howe an der ursprünglichen Baumasse und Gliederung Lescazes für das Haus Stix Wasserman vornahm, das von Howe unter dem Namen «Square Shadows» abgeschlossen und in Whitemarsh, Pennsylvania, 1932–1934 gebaut wurde.

Wichtiger noch als die Meinungsverschiedenheiten zwischen den Partnern — bei allem Stoff für historische Polemik, den sie hergeben — ist die Frage, welche Rolle Howe und Lescaze bei der Entwicklung der modernen Architektur in Amerika spielten, welche Beziehungen zwischen dem neuen Stil und amerikanischen Institutionen bestanden und wie die moderne Architektur in die amerikanische Wirtschaft und Kulturpolitik integriert wurde. In den letzten Jahren vor dem Börsenkrach 1929 und in den ersten Jahren der Depression wurden sich bestimmte Kreise des Hochkapital bewußt, daß die funktionale Rationalität der modernen Architektur ihren Methoden und Anforderungen entsprach. Ein wichtiger Schritt in diese Richtung war das Rockefeller Center[5]: hier betätigte sich ein Konzern als Städtebauer. Das Rockefeller Center, dessen Gestaltung man ebensosehr babylonisch wie kubistisch nennen oder als aus der Beaux-Arts-Schule kommend bezeichnen könnte, war der unmittelbare Vorläufer des PSFS: eine Enklave innerhalb der Stadt, die nicht mehr mit den religiösen Anklängen an die «Kathedralen des Kommerzes» operierte, sondern die atmosphärischen Effekte von Hugh Ferriss aufgriff und das Gebäude auf eine neue Weise als Spektakel begriff, wie dies zuvor am eindrücklichsten am Chrysler Building demonstriert worden war. Es war auch kein Zufall, daß die Automobil- und die Unterhaltungsindustrie, die beide Objekte zur Befriedigung von Konsumbedürfnissen produzierten, bei der Entwicklung der Gebäudeformen als Spektakel führend waren. Die RCA Corporation stellte sich zunehmend als wichtigste Nutznießerin von Rockefellers finanzieller Großzügigkeit heraus. Als Ablenkung von der harten Wirklichkeit der Depression wurde der Ausgleich durch Radio City angeboten. Das PSFS nahm zwar eine viel geringere Grundstücksfläche als das Rockefeller Center ein, doch war diese vielgeschossige Enklave, gekrönt von einem riesigen Neonschild, ein dem kubistischen Gedanken treueres Fragment der kapitalistischen Großstadt.

In diesem Zusammenhang ist von Interesse, daß das Museum of Modern Art ursprünglich als Teil des Rockefeller Center geplant worden war. Aber Rockefellers Spekulationen hatten die Grundstückspreise in der Gegend so hoch getrieben, daß selbst er die beiden nicht zusammenbringen konnte. Als Howe und Lescaze gebeten wurden, Entwürfe für ein Museum of Modern Art vorzulegen, war als Bauplatz lediglich eine typische Baulücke vorgesehen. Es ist bedauerlich, daß es nie zu einem Auftrag an das Büro für das Museum als Teil des Rockefeller-Komplexes kam, denn möglicherweise wäre es dann zu einer kraftvolleren urbanen symbolischen Interpretation der neuen Architektur gekommen, als es die farblose und reichlich schematische Version des «Hitchcock-und-Johnson-Stils» vermochte, die Philip Goodwin und Edward Durrell Stone verwirklichten.

Man sollte zwar nicht die offenkundige Bedeutung der Ausstellung von 1932 unterschätzen, aber es gibt noch andere Aspekte der Einführung der modernen Architektur in Amerika, die eine direkte Bedeutung für Lescazes Karriere hatten.

Der erste Aspekt betrifft die Verbindung zwischen Architektur und modernen Geräten sowie das neu hinzugekommene Gebiet des Industriedesigns. Man ist versucht zu sagen, daß die Maschine in Europa zu einer Metapher für poetische Visionen geworden war, doch daß sie in Amerika, der Heimat des Haushaltgeräts, als ein direkteres Modell wirksam werden sollte. Der Automobilindustrie kam in dieser Hinsicht eine Führungsrolle zu. 1928 stellte die Ford Motor Company das Model A als Nachfolger des phänomenal erfolgreichen Models T vor.[6] Anders als sein Vorgänger jedoch verdankte das Model A seine Akzeptanz nicht der Tatsache, daß es ein unveränderliches «Typenobjekt» des Industriezeitalters war. Ohne die kantigen Formen und die begrenzte Variationsbreite des Models T («auf Wunsch jede Farbe, die schwarz ist»), die seinen Anspruch, das definitive Automobil seiner Zeit zu sein, untermauerten, läuteten die weicheren Konturen und das Zubehör des Models A die Ära des Stylings ein. In den dreißiger Jahren, als die Stromlinienform ihre Erfolge feierte, wurde dies noch deutlicher. Die Stromlinienform versorgte die neu hervorgetretenen Industriedesigner mit einem eigenen Internationalen Stil, der der Architektur nichts schuldete. Mochten die moderne Gesellschaft und die zyklischen Krisen des Kapitalismus auch noch so große Verwerfungen produzieren, das Abbild der Schnelligkeit und

4 die beruhigenden Konturen des stromlinienförmigen Objektes fanden allgemeinen Anklang. Designer wie Raymond Loewy, Walter Dorwin Teague und Norman Bel Geddes kombinierten mit viel Geschick Explorationen der «Corporate Identity» mit ergonomischen Studien, um den bestmöglichen Komfort bei minimaler Anstrengung zu verwirklichen. Architekten wie Le Corbusier hatten die Quellen ihrer Architektur im Objekt der industriellen Zivilisation gesucht, und in Deutschland war die funktionale Küche ein Studienobjekt gewesen. Dies schien sich auf den ersten Blick mit den Anliegen der amerikanischen Designer zu decken, doch die Interessen der beiden Gruppen unterschieden sich recht deutlich voneinander. Letztere brannten darauf, aus ihrem Know-how Kapital zu schlagen und sich die mittlerweile üppiger sprießenden lukrativen Aufträge aus der Wirtschaft zu sichern. Als ihr Terrain beanspruchten sie die «Bilderwelt» der Industriegesellschaft — ihre Verpackung, Werbung und Konsumprodukte —, und sie setzten alles daran, die Architekten aus diesem umkämpften Feld fernzuhalten.

Ein Großteil von Lescazes Arbeit in den zwanziger und dreißiger Jahren entstammte dem Überschneidungsgebiet zwischen Architektur und Design. Anfangs gestaltete er Möbel und Modellinterieurs für Kaufhäuser, später auch für Museen. Diese Aufträge öffneten Lescaze viele Türen und zeigten die Verbindungen zwischen modernem Design und der Warenvermarktung auf. Hitchcock hoffte, daß sich die moderne Architektur durch Innenarchitektur, die er als «Mode» ansah, verbreiten ließe und sich bald zu einem Stil entwickelte — einem authentischen und angemessen allgemeinen Ausdruck der damaligen Zeit. Lescaze entwarf auch später immer wieder Einrichtungsgegenstände. Die Möbel, Aschenbecher, Uhren und Einbauten des PSFS Buildings ergänzten die Gestaltung des Gebäudes in auffallender Weise. Interessant ist hierbei, daß Lescaze viele seiner späteren Aufträge von den «tertiären Sektoren» der Wirtschaft erhielt, die sich am meisten der Bedeutung bewußt waren, die dem Abbild — dem Image — beim Aufbau einer Firmenidentität zukam. Die Werbeagentur J. Walter Thompson gab Lescaze von den frühen dreißiger Jahren bis zum Ende seiner Karriere immer wieder Aufträge. Die Entwürfe Lescazes für CBS befaßten sich mit Logos, Gebäuden, Studios, Mikrophonen und sogar Fahrzeugen. Dennoch ist seinen Objekten anzusehen, daß sie dem Zeichentisch eines Architekten, und nicht eines Designers, entstammen. Zum Teil hängt dies mit seiner Vorliebe für platonische Körper und einer damit einhergehenden «monumentalen» Qualität zusammen, die überall ins Auge sticht. Dennoch ließe sich die Kritik der Linken an Buckminster Fuller und seinen Anhängern auch auf Lescaze anwenden. Von ihrem Standpunkt aus blieb er ein Exponent des «Stylings», fernab vom radikalen technischen Pragmatismus der Zeitschrift Shelter. Selbst wenn die Abstecher in die Innenarchitektur und die Objektgestaltung Lescazes Architektur gelegentlich beeinträchtigt haben sollten, so blieb doch die Idee einer architektonischen Kohärenz zwischen Gebäude, Innenarchitektur und Einrichtung eine Herausforderung für die Gestalter.

Lescazes Aufträge für progressive Schulen und aufgeklärte Menschen entsprachen der europäischen, sozialkünstlerisch geprägten Sichtweise auf die moderne Architektur. Manchmal jedoch trieb die Progressivität komische Blüten: Im allgemeinen sprach Lescazes Einstellung zum gestalteten Wohnen nur Menschen an, die eher experimentierfreudig veranlagt waren. Das 1928 skizzierte Projekt für «Ein amerikanisches Haus im Jahre 1938» offenbarte bei Lescaze futuristische Interessen: Aus einer Armatur hätten sich eben mit dem Flugzeug angekommene Gäste sich mit Benzin das Öl von den Händen waschen können. In den dreißiger Jahren entwarf Lescaze einen Fragebogen für potentielle Bauherren, von dessen Beantwortung er sich ein detailliertes Bild ihrer Persönlichkeit und Lebensgewohnheiten versprach. Im Überschwang seiner Ideen schlug er einmal vor, seine Bauherren sollten sich einer Psychoanalyse unterziehen, bevor er ihre Häuser baute.[7]

Ein weiterer wichtiger Aspekt von Lescazes Arbeit, speziell im Kontext eines Diskurses zum Internationalen Stil in den Vereinigten Staaten, ist seine Arbeit im sozialen Wohnungsbau. Die amerikanische Tendenz, Architektur und Wohnen als getrennte Probleme anzusehen, hatte wenig mit dem Ethos der Moderne in Europa gemeinsam. Dort galten Wohngebäude als der Gipfel der Architektur.[8] In den Vereinigten Staaten gab es erstmals in den Jahren 1932 bis 1934 als Reaktion auf die Depression staatliche Subventionen für den Wohnungsbau, für deren Verwendung eigene Organisationen gegründet wurden. Soziologische Fragen galten als Aufgaben für Planer und Städtebauer, nicht aber für Architekten. Im Katalog der MoMA-Ausstellung gab es getrennte Kapitel für die Architekturkritik Hitchcocks und Johnsons sowie für Mumfords Essay über Wohnungsbau. Damals galt es als progressiv, den Wohnungsbau in eine Diskussion über Architektur auch nur einzubeziehen. In Hitchcocks Würdigung des Projektes Chrystie-Forsyth wurden dessen architektonische Qualitäten ausdrücklich erst in zweiter Linie, nach seiner soziologischen Bedeutsamkeit, berücksichtigt. George Howe brachte innerhalb der Gemeinschaft nur sehr wenig Interesse für Siedlungsbau auf, da er als Klienten des Büros ausschließlich reiche Bekannte wünschte. Für Lescaze war

Siedlungsbau zwar ein ernsthaftes Anliegen, aber man kann nicht behaupten, daß seine Arbeit auf diesem Gebiet grundsätzliche Inspirationskraft besaß. Der brillante Entwurf für Chrystie-Forsyth geht zumindest teilweise auf das Konto von Albert Frey, einem jungen Schweizer Architekten in Lescazes Büro in New York, der später in seiner Sozietät mit A. Lawrence Kocher das Haus Aluminaire entwarf.

Lescaze entwarf eine Reihe bedeutender Einfamilienhäuser in ländlicher und vorstädtischer Umgebung. Doch ein Großteil seiner wichtigsten Arbeit wurde in den Städten verwirklicht. Das PSFS konfrontierte Amerika mit einem kubistischen Wolkenkratzer, dessen dreidimensionale Funktionsintegration bis heute unerreicht geblieben ist. Das Projekt Chrystie-Forsyth hätte — um einen Begriff Aldo Rossis zu verwenden — trotz seiner beschränkten Formensprache ein «urbanes Artefakt» der Lower East Side werden können: ein neues Areal der Stadtlandschaft, das sich dialektisch auf den vorhandenen urbanen Lebensraum bezöge.

Wäre das Projekt Chrystie-Forsyth gebaut worden, so hätten Frey und Lescaze für den billigen Wohnungsbau in New York das tun können, was Lescaze allein bereits in vorläufiger Form für das typische New Yorker Stadthaus erreicht hatte. Doch heute stehen nur die Stadthäuser als urbane Transformationen eines Typus, Abbilder einer modernen Welt, die heute ebenso gestrig wie verlockend wirkt.

Anmerkungen
1. Henry-Russell Hitchcock und Philip Johnson, *The International Style* (New York: Norton, 1966), S. 19. S. a. Meyer Shapiro, «Style», Nachdruck in *Aesthetics Today* (New York: New American Library, 1980), S. 137–171. Hg. Morris Philipson und Paul J. Gudel.
2. William Jordy, «International Style in the Thirties», *JSAH* Bd. 24 (März 1965), S. 10–14.
3. Sogar Hitchcock war der Ansicht, daß Lescaze sich der Prinzipien des Internationalen Stils nicht hinreichend bewußt war. Siehe hierzu seine Anmerkungen im Ausstellungskatalog *Modern Architecture in England* (New York: Museum of Modern Art, 1937), S. 25–41.
4. Siehe insbesondere die Aufsätze von Robert A.M. Stern und William Jordy in JSAH, Bd. 21 (März 1962). Eine ausführlichere Version des ersten Aufsatzes erschien in Sterns Biographie von George Howe, *George Howe: Toward a Modern American Architecture* (New Haven und London: Yale University Press, 1975). Eine erweiterte Fassung des zweiten Aufsatzes findet sich in Band 4, Kapitel 2 von Sterns *American Buildings and Their Architects* (Garden City, New York: Anchor Press, 1976), S. 87–165.
5. Siehe William Jordy, *American Buildings and Their Architects*, Bd. 4, Kap. 1 (Garden City, New York: Anchor Press, 1976), S. 167.
6. Siehe Sterns Beitrag «Relevance of the Decade», *JSAH*, Bd. 24 (März 1965), S. 6–10.
7. Robert M. Coates, «Profiles», *New Yorker* (12. Dezember 1936), S. 44.
8. Siehe Richard Pommer, «Architecture of Urban Housing in the Thirties», *JSAH* Bd. 37, Nr. 4, S. 234.

Die Lehrjahre
1919–1923

Lindsay Stamm Shapiro

1 Gotische Kathedrale. Tintenzeichnung aus dem Skizzenbuch des jungen Lescaze, 1910

2 Nicht identifizierter Grundriss. In klassischer Manier angefertigte Skizze Lescazes, 1920

3 Theater- und Bürokomplex, Projekt. Diplomarbeit William Lescazes an der ETH Zürich, 1919. Perspektive.

Am Werdegang William Lescazes werden die dynamischen Beziehungen deutlich, die zwischen den bildenden Künsten bestehen. Als Jugendlicher konzentrierte sich Lescaze auf das Malen und auf andere zweidimensionale Gestaltungstechniken. In einem seiner frühen Skizzenbücher findet sich interessanterweise eine ungestüme Zeichnung, die der Vierzehnjährige von einer gotischen Kathedrale anfertigte. Von 1910 bis 1914 besuchte er das Collège de Genève und studierte daran anschliessend von 1914 bis 1915 Zeichnen und Malen an der Ecole des Beaux-Arts in Genf. Da er zu einer Zeit studierte, in der kubistische und dadaistische Ideen in vivo erzeugt wurden, kann ihn die zeitgenössische kulturelle Aufbruchsstimmung nicht kaltgelassen haben. Lescazes künstlerische Produktion entwickelte sich stetig weiter, so daß er während seiner Anfangsjahre in den Vereinigten Staaten, die er in Cleveland im Bundesstaat Ohio verbrachte, in erster Linie als Künstler und nicht als Architekt galt, denn für ihn war die Kunst damals das Mittel zur Freisetzung schöpferischer Energie, die sonst keine Ausdrucksmöglichkeit hatte.

Als Lescaze erfuhr, daß Karl Moser (1860–1936), der damals gerade die Kontinuität der Beaux-Arts-Tradition in der Architekturlehre aufbrach, an der Eidgenössischen Technischen Hochschule (ETH) in Zürich unterrichtete, schrieb sich Lescaze 1915 dort ein. Mosers rationale, modernistische Sicht der Architektur hatte einen starken Einfluß auf Lescazes Studienjahre. Sie kann als die eigentliche Grundlage seiner Architektur angesehen werden. Mosers Einstellung als Lehrer zur klassischen Tradition war entschieden liberal. Damit bildete er einen Gegenpol zu Gustav Gull, der zu Lescazes Studienzeit die andere Hauptfigur an der ETH war. Moser legte Wert auf ein Vorgehen im Kontext, bei dem ein Architekturprojekt «nicht mehr als isolierte Konstruktion behandelt wird, sondern eher als Komplex vielfacher Funktionen, die ihre differenzierten Verbindungen zur Stadt finden müssen».[1] Außerdem lehrte er einen pragmatischen Funktionalismus, wonach ein Gebäude in erster Linie seine programmatischen Anforderungen erfüllen sollte.

Die Diplomarbeit Lescazes von 1919 für ein neues Theater in Zürich war ein monumentales Projekt nach klassischem Muster, das zum Teil von Gottfried Semper abgeleitet war. Die rigoros gehandhabte schmucklose Fassade zeugt allerdings von Lescazes noch in Entstehung begriffenem modernistischem Ansatz. Im achsensymmetrischen Freihandgrundriß, den Lescaze 1920 in Paris ausführte, ist immer noch ein klassischer Zug zu erkennen. Der dort gezeigte wiederholte Einsatz von Giebeln nimmt ähnliche Stilmittel bei seiner Renovierung des Stadthauses für Simeon Ford 1923 vorweg. Sein Wettbewerbsbeitrag von 1919 für ein Gemeindehaus in La Chaux-de-Fonds,[2] den er gemeinsam mit Edouard Calame, seinem Kommilitonen an der ETH, entwarf, machte starken Gebrauch von Ornamenten und klassischen Ordnungssystemen, unter anderem bei der gezahnten Anordnung von Sims und Giebel und beim Umgang mit dreiteiligen A-B-A-Aufrißsystemen. Dieses konservative Projekt enthüllt eine noch stärker klassizistische Vorgehensweise als bei Lescazes Diplomarbeit.

Nach der Verheerung durch den Ersten Weltkrieg beteiligte sich Lescaze 1919 kurzzeitig am Wiederaufbau in Arras in Frankreich. Die Unzulänglichkeit der Planungs- und Konstruktionsmethoden enttäuschte ihn jedoch rasch. Von den neuen Entwicklungen im standardisierten Wohnungsbau und der Fertigbauweise machte man in Arras, wo nur veraltete Baumethoden zum Einsatz kamen, keinen Gebrauch. Lescaze rebellierte außerdem gegen das offene Desinteresse an Programmen im sozialen Wohnungsbau.[3] 1920 zog er nach Paris und arbeitete dort für Henri Sauvage, der für seine abgetreppten Wohnbauten und seine Beschäftigung mit Arbeitersiedlungen bekannt war. Sauvage interessierte sich besonders dafür, mit modularen Fertigteilen einen Wohnungsbau zu entwickeln, bei dem der Aspekt der Gemeinschaftlichkeit betont wurde. Die konsequent horizontalen Rücksprünge von Lescazes Vorschlag für ein Apartmenthaus und eine Garage in der 50. und 51. Straße in New York sind sicherlich ebensosehr auf seine Kenntnis von Sauvages Arbeit wie auf die 1916 erlassenen Bebauungsvorschriften New Yorks zurückzuführen.

Seine Arbeit für Sauvage ließ ihn ungeduldig über den Mangel an Aufträgen werden, den die Architekten nach dem Krieg verspürten. Gleichzeitig sehnte er sich danach, sich als freier Architekt niederzulassen. Sein alter Lehrer Moser riet ihm: «Wo wirst du jemals die Chance erhalten, monumentale Bauten zu verwirklichen? Ägypten? Zu spät. Vielleicht in Amerika.»[4] Lescaze faßte dann den Entschluß, nach Amerika zu emigrieren. Seine Auswanderung ist im Kontext der damaligen europäischen Emigration nach Amerika zu sehen.[5] Jede Beurteilung von Lescazes Arbeit muß seine Situation als europäischer Einwanderer in den Vordergrund stellen. Sein Werdegang wird hier beschrieben, um Elemente der Moderne zu beleuchten, die nicht in irgendeinem reduzierenden Sinne lediglich amerikanisch sind. Lescaze teilte mit vielen anderen die Anziehung durch den Mythos von Amerika, einen Mythos, der zum Teil eine europäische Erfindung war.

Lescaze traf in New York mit einem — deutsch abgefaßten — Empfehlungsschreiben Mosers ein und mußte feststel-

*4 Lagerhausprojekt für die Schulkommission in Cleveland, Ohio.
William Lescaze, 1923. Aufriss.*

5 Gemeindehaus in La Chaux-de-Fonds, Schweiz. Wettbewerbsbeitrag von William Lescaze und Edouard Calame. 1919. Perspektive.

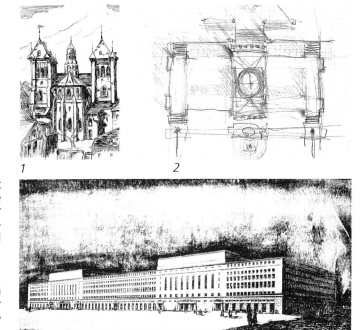

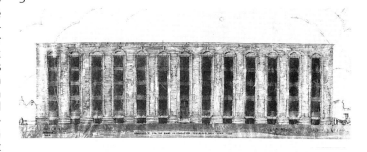

len, daß Mosers Reputation noch nicht bis in die Neue Welt vorgedrungen war. Da er in der Metropole seiner Träume keine Arbeit fand, ließ er sich in Cleveland nieder,[6] wo er Gemälde ausstellte und ironischerweise in einer der Bastionen des Konservatismus arbeitete: im Büro von Hubbell und Benes.

Als die Aufträge bei Hubbell und Benes zurückgingen, wurde Lescaze gekündigt. Er arbeitete dann im Büro von Walter R. McCormack, dem Direktor des Planungsbüros für die Schulkommission von Cleveland. 1922 wurde Lescaze die Entwurfsverantwortung für ein Lagerhaus der Schulkommission übertragen. Die neoklassizistische Fassade dieses Lagerhauses hatte eine konsequent vertikale verglaste Arkade und einen horizontal gebänderten Sockel. Bei diesem Projekt griff er zum Teil auf seine Diplomarbeit an der ETH zurück. Da ihn die konservative Entwurfsmethodik enttäuschte, die er als Mitarbeiter in Architekturbüros kennengelernt hatte, kehrte er nach Europa zurück, um sich dort mit den neuesten modernistischen Experimenten vertraut zu machen. 1923 kehrte er jedoch nach Cleveland zurück, da er vom Ehepaar Simeon Ford den Auftrag erhalten hatte, in eigener Regie ihr Stadthaus am Sutton Square Nr. 2 in New York zu renovieren. Eine kurze Zeit lang arbeitete er wieder für McCormack. Dann entschloß er sich, den Schritt in die Selbständigkeit zu wagen. Dieses lang gehegte Vorhaben wurde im Juli 1923 mit der Eröffnung seines eigenen Büros in der West Eigth Street Nr. 24 verwirklicht.

Anmerkungen
1. Gilles Barbey, «William Lescaze (1896–1969): Sa carrière et son œuvre de 1915 à 1939.» Werk (August 1971), S. 559.
2. Lorraine Welling Lanmon, *William Lescaze, Architect*, entnommen einer Doktorarbeit an der University of Delaware, 1979, S. 22.
3. Barbey, «William Lescaze».
4. Kasten 13, William-Lescaze-Archiv in der George Arents Research Library der Syracuse University.
5. Siehe Cynthia Jaffee McCabe, *The Golden Door: Artist-Immigrants of America, 1876–1976* (Washington, D.C.: Smithsonian Institution Press, 1976).
6. Während dieser Zeit lernten er und der Schriftsteller Hart Crane einander kennen und schätzen. Diese Beziehung stellt eine der interessantesten Verbindungen von amerikanischer Architektur und Lyrik dar. Lescaze führte Crane zu literarischen Quellen der Inspiration (Rimbaud, Baudelaire und Laforgue), die sich in Cranes *White Buildings* (1926) niederschlagen.

Das Frühwerk
1923–1928

Lindsay Stamm Shapiro

In den zwanziger Jahren fand bei den frühen architektonischen Arbeiten Lescazes ein rascher Wechsel statt: Dem modernisierten Klassizismus in destillierter Form (beispielsweise das Stadthaus für das Ehepaar Simeon Ford 1923) folgten zuerst die eklektische Moderne seiner Interieurs und schließlich 1929 seine Festlegung auf den Internationalen Stil. Für die mittlere, experimentelle Phase läßt sich hier Forrest Lisles Bemerkung zur Definition der Moderne anführen: «eine große Anzahl schwach verbundener Quellen», die schließlich, wiederum nach Lisle, zu «den lockeren, weit gefaßten, einschließenden, eher undifferenzierten, daher demokratischen, Außengrenzen der modernistischen Bewegung führte, im Gegensatz zu der unpersönlichen, reduktiven, ausschließenden, idealistischeren, moralistischeren Stoßrichtung der damaligen Avantgarde in Europa».[1] Lescazes eklektische Evolution läßt sich vielleicht am ehesten als eine Fusion der europäischen Modernen Bewegung mit der amerikanischen Version der Moderne bezeichnen.

Bereits Robert Stern fand, daß die neoklassizistischen Arbeiten Lescazes in den frühen zwanziger Jahren, beispielsweise sein Warenlagerprojekt 1922 für die Schulkommission in Cleveland, größere Ähnlichkeit mit George Howes Arbeit im selben Zeitraum aufweist, als man erwarten würde.[2] Doch ist dies kaum überraschend, wenn man Lescazes klassische Ausbildung an der ETH in Zürich berücksichtigt und sich seine Diplomarbeit über einen Bürokomplex mit Theatern vergegenwärtigt, der deutlich erkennbar auf einer Durand-artigen Unterteilung des vermietbaren Raumes beruht. Diese neoklassizistische Vorgehensweise ist mit Sicherheit technokratischer als Howes eher romantische Pläne im selben Zeitraum. Je nach dem Standpunkt des Betrachters können daher Lescazes frühe neoklassizistische Arbeit wie auch seine von der Art déco inspirierten Interieurs entweder als die Schließung eines Kompromisses mit dem etablierten Geschmack oder als die Manifestation eines unsicheren Augenblicks innerhalb der komplexen Entwicklung eines modernistischen Architekten angesehen werden. Abgesehen vom sicherlich vorhandenen Einfluß, den die stilistischen Präferenzen seiner Bauherren ausübten, war die Ambivalenz seines frühen Werkes möglicherweise nicht anders als die Ambivalenz, die auch andere Pioniere der Modernen Bewegung erfuhren. Die unentschiedene Produktion Karl Mosers ist ganz sicherlich für die indirekte und unsichere frühe Entwicklung seines Schülers mitverantwortlich gewesen. Dies widerspricht Sterns Erwartung, ein bekennender Modernist wie Lescaze hätte irgendwie in voller Rüstung dem Haupt des Internationalen Stils entspringen sollen.

Die neoklassizistische Fassade, die Lescaze bei seiner Renovierung und Erweiterung des Stadthauses Simeon Ford verwendete, leitet sich zumindest teilweise von Mosers klassisch-moderner Manier her. Die Aufrisse sind in einem abstrakten, planaren Modus zusammengestellt worden, der die latente Aura des klassischen Historismus transzendiert. Dort, wo dem vierten Obergeschoß ein Penthouse aufsaß, setzte Lescaze Dekorprofile in den Umrissen eines Giebels auf die Fassade und reduzierte so ihre scheinbare Höhe. Bei der Hauptfassade am Sutton Square unterbricht das doppelte Kaminvolumen, das als flache, atektonische Ebene ausgedrückt ist, die Linien des applizierten Giebels. Lescaze wandte auch bei seiner Renovierung der ursprünglichen Vorderseite am Sutton Place ähnliche manieristische Vereinfachungen an. Lorraine Lanmon hat bereits festgestellt, daß die italienisierte Stilisierung des ursprünglichen Stadthauses aus dem neunzehnten Jahrhundert geändert wurde, indem der ursprüngliche vorspringende Sims durch eine «leichtgewichtige dünne Hohlkehle, die mit flachen Rosetten verziert war», ersetzt wurde. Er entfernte die vorstehenden «Fenstergiebel, die schweren Tafelfelder unter den Fenstern des Erdgeschosses und die hohen Eingangsstufen»[3] und änderte die Detailbehandlung der Fenster, um so eine flächigere Erscheinung der beiden Fassaden zu erzeugen.

Die folgenden Aufträge, die Lescaze erhielt, betrafen eine Reihe kleinerer Interieurs, größtenteils Renovierungen von Chinarestaurants, darunter das Willow Garden Restaurant in Brooklyn, New York (1923). Während dieser wenig bekannten Phase seiner Karriere gab Lescaze der zeitgenössischen Vorliebe für Chinoiserien nach. Er «bemalte die Balken des Restaurants mit orientalischen Landschaftsbildern und die Fensterrollos mit New Yorker Hochbahnstationen im Gewande chinesischer Pagoden. Die [bemalten] Paravents zeigten eine Melange aus chinesischen Gebäuden und Gärten, die Brooklyn Bridge, das Stadtteil-Rathaus, verschiedene lokale Szenen, stilisierte natürliche Vignetten und Blumenbänder. Alle Dekorationen waren als eklektische Synthese aus Realismus und kubistischem Realismus ausgeführt.»[4]

Lescazes Können im Umgang mit wiederholten biomorphen Mustern wird an einem Wandteppich augenscheinlich, den er 1925 für ein Theater in New Haven ausführte. Auch hier ist der dekorative Einfluß der Exposition Internationale des Arts Décoratifs und der Wiener Werkstätte offensichtlich. Hier drängen sich Parallelen zu den stilisierten Folkloremotiven auf, die in den Arbeiten Koloman Mosers und Josef Urbans zur selben Zeit so üppig wucherten.

Bei der Renovierung seines eigenen Duplex-Apartments in der East Forty-second Street Nr. 337 in New York evozierte Lescaze den Eindruck eines andalusischen Interieurs mit dreifach gestuften Gipsbögen und spanischen Antiquitäten. Eine solche dekorative Zusammenstellung hätte man nicht bei jemandem vermutet, der im Begriff war, sich einen Ruf als Modernist aufzubauen. Abgesehen vom theatralischen Effekt elaborierter Wandgemälde im Bad, ist die Anordnung der Möbel im Schlafzimmer, insbesondere der maulbeerfarbene Himmel über dem Bett, einem Schlafzimmer auffallend ähnlich, das Mellor, Meigs and Howe zwei Jahre zuvor entworfen hatten. Die stilistischen Pole, die überall in dieser Duplex-Wohnung zu sehen sind, durchziehen Lescazes gesamte damalige Arbeit: seine Affinität für die Formensprache des spanischen Kolonialstils (sichtbar auch an seiner Edgewood-Schule, die er 1925 in Greenwich, Connecticut, baute) steht in krassem Kontrast zu seiner Beschäftigung mit der kubistisch-expressionistischen Maltradition. Die Wandmalerei, die er 1927 für seine eigenen Büros ausführte, zeigt dieses Interesse sehr deutlich. In diesem Bild kulminiert eine aufsteigende orphische Progression in strahlend weißem Licht. Durch die Einführung eines Trompe-l'œil-Effektes aus gemalten Schatten, die scheinbar von einer aus kopfstehenden Dreiecken bestehenden indirekten Lichtquelle geworfen werden, spielte Lescaze mit den mehrdeutigen Grenzen zwischen der zweiten und der dritten Dimension.[5] Dieses Stilmittel, das später charakteristisch für Lescazes Arbeit mit Interieurs wurde, ist offenbar von Pierre Chareaus Alabaster- und Metalleuchten aus den Jahren 1921–1925 inspiriert.

Lescaze beschäftigte sich damals kontinuierlich mit dem Modus der Moderne. Dieser Stil setzte sich aus scharf kontrastierenden geometrischen Mustern, reflektierenden Oberflächen und manieristischen runden Spiegeln zusammen. Doch gleichzeitig unterlag sein Stil dem Einfluß der modernistischen Arbeiten Chareaus, Mallet-Stevens' und Lurçats. Die gewinkelten Vorhänge, dreieckigen Eckregale und Milchglasleuchten des Wohnzimmers für Colfax Phillips stellten eine ebenso geschickte Anwendung der modernen Prinzipien dar wie sein Interieur für den Schönheitssalon Maison Bertie. Hier antizipierte die Kombination eines halbrunden Glasregals mit einer gebogenen Wandhalterung aus Metall seinen späteren plastischen Erfindungsreichtum. Auf diesem Gebiet war Lescaze, der wesentlich zur Einführung von Metallmöbeln in Amerika beitrug, besonders erfinderisch. Das Interieur für Colfax Phillips ließ bereits Lescazes besonderes Faible für gleitende Übergänge in den Ecken erkennen. Einige Details dieses Interieurs nehmen die Grundidee des PSFS vorweg: der asymmetrische Kamin, dessen gebogene Sitzbank in den Kaminrahmen übergeht, darüber aufsteigende rückspringende Elemente, das Ganze ergänzt durch vertikal angeordnete mehrstufige dreieckige Regalfelder und Leuchten in den Ecken. Die Photos des fertiggestellten Interieurs rufen zwar den Eindruck hervor, daß die Umsetzung nicht an die ursprünglichen Absichten heranreichte, doch wurden die geometrisch drapierten Vorhänge, das mit halbrunden Metallhalterungen an der Wand befestigte halbrunde Regal und die üppig gepolsterten Sessel (entworfen von Lescaze und Herman Rufenacht) alle gemäß dem ursprünglichen Entwurf ausgeführt. Lescazes Hinwendung zum Modernismus demonstrieren die elegant gearbeiteten Sessel, die an Pierre Chareau erinnern, und das Glasregal.

Zur selben Zeit führte Lescaze mehrere Aufträge zur Gestaltung einer Reihe wichtiger Interieurs für Ausstellungsräume in Kaufhäusern aus. In erster Linie sind hier die permanente Installation eines Wohnzimmers und eines Studios für die Frederick Loeser Company in Brooklyn im Frühjahr 1929 sowie die im Sommer desselben Jahres eröffnete «Internationale Ausstellung der Industriekunst» von R.H. Macy & Company zu nennen. Bei der zuerst genannten Arbeit wurden die Stilmittel, die beim Projekt Colfax Phillips schon latent gewesen waren, zur Vollendung geführt: vor allem die dreieckigen Eckleuchten, die gestapelten Eckregale und der kubistische Kamin, dazu modulierte Rücksprünge. (Bemerkenswert ist hier die mit Fliesenbändern dekorierte Stütze an einer Seite der Kaminöffnung.) Bereichert wurde das Interieur durch einen frei im Raum stehenden Paravent, den ein abstraktes Arrangement roter, schwarzer, blauer und silberner Flächen zierte, das an die Arbeiten Eileen Grays von 1922 bis 1923 erinnert. Ein elegantes, luxuriöses Gefühl des Wohlbefindens durchzieht diesen Raum, in dem sich noch ein runder Lacktisch, ein Polstersessel und eine Sitzbank nach Art von Chareau, lose Kissen und ein maßgefertigter Teppich befinden. Die Wände sind in Porzellanweiß und warmem Grau gehalten, mit silbernen Einfassungen und verstreuten roten, schwarzen und blauen Akzenten. Dies ist sicherlich eines der geglücktesten Interieurs, die Lescaze zu der Zeit schuf.[6]

Die für Macy entworfene Penthousewohnung wirkt weniger einheitlich, obwohl sie Lescaze vermutlich mehr Anerkennung einbrachte, da sie neben anderen Räumen stand, die bekannte Designer wie Josef Hoffmann, Bruno Paul, Gio Ponti und die aufstrebenden Amerikaner Kem Weber und Ralph T. Walker gestaltet hatten. Die zeitgenössische Kritik des Interieurs durch Adolph Glassgold versinnbildlicht die Reaktionen auf etwas, das deutlich als ein neuartiger, noch reduktiverer Modernismus gesehen wurde. Er schrieb: «Lescaze ist ein Befürworter architekto-

1 William Lescaze vor einem von ihm selbst gemalten Wandgemälde im Lescaze-Stadthaus, 337, East und 42nd Street, New York, New York, ca. 1925.

2 Tapisserie-Entwurf für ein Theater in New Haven, Connecticut, 1925.

3 Detail eines Schiffes. Zeichnung Lescaze, im Oktober 1926 auf seiner Rückreise von Europa nach den Vereinigten Staaten enstanden

nischer Dekoration; ... in der Vergangenheit ist es ihm zwar, wie bei der Loeser-Ausstellung, gelungen, Bizarres zu vermeiden und ein Gefühl für Komfort in seinen Interieurs zu wahren, doch bei dem Penthouse-Studio hat er leider zuviel theoretisiert.»[7] Im Macy-Penthouse konkurrierten überlappende runde orphische Bodenmuster mit von Rietveld und Chareau abgeleiteten Möbeln um Aufmerksamkeit und riefen so einen Eindruck von Überspanntheit hervor, der der Diktion von Lescazes Freund, dem Lyriker Hart Crane, ähnelte, dessen Stil zur selben Zeit ebenfalls hin- und herschwankte.

1928 entwarf Lescaze einen Ausstellungsraum für die Schuhfabrik Andrew Geller in Brooklyn. Der vertikal gegliederte Tisch und die an die Wand gesetzten Schaukästen enthalten metaphorische Verweise auf Hochhäuser. Sie ähneln darin Paul Frankls zur selben Zeit gebauten Wolkenkratzermöbeln. Trotzdem läßt die Strenge des Designs, die die ausgestellte Ware betont, immer noch einen puristischen Einfluß erkennen.

Die Wohnung, die Lescaze 1928 für den Dirigenten Leopold Stokowski in der East Seventy-seventh Street in New York einrichtete, macht auf raffinierte Weise einen sparsamen Gebrauch von eleganten Einbaumöbeln. Lescaze möblierte das Eingangsfoyer, das Schlafzimmer und das Arbeitszimmer so, daß sie auch als Musikzimmer, Wohnzimmer und Bibliothek dienen konnten. Auch hier verwendete er bogenförmig angeordnete Leuchten mit Art-déco-Anklängen und kombinierte sie mit modernistisch geformten, gekurvten Einbauschränken. Obwohl die Motive der Art déco in Lescazes Arbeit nicht mehr so stark hervortraten, wurden die Farben Gelb, Blau und Schwarz doch puristisch eingesetzt.

Die Schwierigkeiten, die Lescaze beim Aufbau einer gesicherten modernistischen Syntax hatte, werden an Lescazes erstem Gebäude, dem Capital Bus Terminal, deutlich, das 1927 in New York errichtet und irgendwann vor 1932 abgerissen wurde. Die symmetrische Eingangsfassade, die tief eingeschnittenen Durchbrüche der lastentragenden Bodenplatte und der halbrunde metallene Kranzsims, der über den Eingang hinauskragt, lassen eine zugrundeliegende klassizistische Vorgehensweise erkennen. Trotz der zurückhaltenden Behandlung des kleingehaltenen Raumes bleibt das Konzept relativ konservativ und hat wenig gemein mit der Kiefhoek-Siedlung J.J.P. Ouds, mit der es verglichen worden ist.

Ungeachtet der darin anklingenden expressionistischen Untertöne, kehrte Lescaze bei seinem Wettbewerbsbeitrag für das Soldaten- und Matrosendenkmal in Providence, Rhode Island, 1927 zu seiner klassizistischen Auffassung der Moderne zurück. In einigen Aspekten erinnert dieses Projekt an Bruno Tauts Glaspavillon auf der Kölner Werkbundausstellung 1914, insbesondere im Hinblick auf die Dreiteilung seines Sockels. Kennzeichnend für Lescazes Schaffen zu jener Zeit ist seine Ausführung in kubistisch-expressionistischer Manier. Durch überlappende Kreise und schräge, vom Leuchtturm ausgehende Strahlen erzielt er einen Chiaroscuro-Effekt.

Bei seiner Jagdhütte aus den Jahren 1927–1928 für Jean de Sieyes in Mount Kisco im Bundesstaat New York zeigen sich weiterhin Schwankungen in Lescazes stilistischem Vokabular. Er kombiniert ortstypische Details (Schindeldächer, Fensterläden und eine niedrige Steinmauer)[8] mit planaren, ineinandergreifenden Volumen. Im ersten Entwurf fusionierte Lescaze wie bei der Oak-Lane-Country-Tagesschule die beiden Giebelvolumen eines zentralen dreieckigen Prismas mit drei im Grundriß zurückspringenden verschränkten Strukturen. Die Fensterverglasung, die im ersten Entwurf um die Ecke des Wohnzimmers herum verlief, trat bei der Oak-Lane-Schule in selbstbewußterer Form wieder auf. Das dramatische Volumen des Wohnbereiches mit seiner schrägen Decke, die durch freiliegende Holzbalken moduliert wurde, evozierte jedoch eine eher traditionelle Syntax. Auch hier gemahnt die Behandlung des Kamins an einen Wolkenkratzer. Ist es gerechtfertigt, hierin eine verkleinerte Version von Hart Cranes «weißem Gebäude» zu sehen, das in eine ortsübliche Architektur eingebettet ist?

Lescaze verwirklichte zwar vor Beginn seiner Partnerschaft mit Howe keine Projekte im großen Maßstab, doch drei Hochhausentwürfe aus dieser Periode ermöglichen einen Einblick in seine Vorliebe für das Monumentale. Sein Wettbewerbsbeitrag für den Völkerbund zeigt modernistisch-klassizistische Formen im zentralen Turmblock, die mit der ausgeprägten Grammatik der Moderne, die in der Arkade zum Ausdruck kommt, nicht recht harmonieren wollen. Die vertikalen Streifen der Verglasung des Turmes und der Eingänge zur seitlichen Baumasse deuten voraus auf die Mittel, die bei seinem Wohnungsprojekt in der Park Avenue von 1928 sowie beim Eingang zum Schalterraum im PSFS zum Einsatz kommen werden. Sein 1928 vorgeschlagenes Wohnhaus für die Park Avenue in Höhe der 72. Straße in New York bestätigt Lescazes modernistische Syntax, die jedoch keinen vollständigen Bruch mit der Tradition vollzieht. Die vertikale Verglasung, die sich über fünfzehn Geschosse des Betriebskerns erstreckt, scheint in mindestens einer Hinsicht als Ausgangspunkt für den Ent-

1

wurf Howes vom 20. März 1929 für das PSFS gedient zu haben. Dies gilt vor allem für die durchgängige vertikale Verglasung oberhalb des hohen Unterbaus der Schalterhalle. Lescazes Projekt für ein Apartementhaus für den Broadway zwischen der 50. und 51. Straße in New York vom November 1928 kombinierte im Erdgeschoß mehrere verschiedene Funktionen. Die in einem modernistischen «Zickzackstil» gehaltenen diagonal vorkragenden Balkons für jedes der nach und nach zurückspringenden Wohngeschosse kulminierten abrupt in der funktionalistischen Syntax des Internationalen Stils, der für die obere Front mit ihrem fenêtre en longueur gewählt wurde. Ein auf Pylonen gestelltes Schild sollte von den «Garage Apartments» künden; es war der Vorläufer des PSFS-Neonschildes. Der Maßstab des konstruktivistisch wirkenden Schildes war für seinen urbanen Standort ungeeignet.

Zusammenfassend läßt sich sagen, daß die späten zwanziger Jahre für Lescaze von kritischer Bedeutung waren. Zu diesem Zeitpunkt steht er nach vorne geneigt auf der Schwelle des Internationalen Stils, doch scheint er unsicher, wie seine Formulierung eines überzeugenden architektonischen Paradigmas für die neue Ära auszusehen hätte. Daher bleibt unabhängig davon, wem man letztlich den ersten Entwurf für das PSFS zuschreibt, festzuhalten, daß Howe für die Reifung von Lescazes Karriere eine grundlegende Rolle als Katalysator spielen sollte.

2

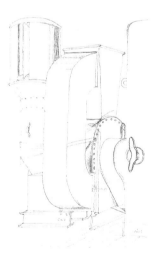

3

Anmerkungen
1. Forrest F. Lisle, Jr., «Chicago's ‹Century of Progress› Exposition: The Modern as Democratic, Popular Culture», *Journal of the Society of Architectural Historians* Bd. 31, Nr. 3 (Oktober 1972), S. 230.
2. Robert A. M. Stern, *George Howe: Toward a Modern American Architecture* (New Haven und London: Yale University Press, 1975), S. 92.
3. Lorraine Welling Lanmon, *William Lescaze, Architect*, S. 39.
4. *Ebd.*, S. 41.
5. *Ebd.*, S. 46–47.
6. Stern, *George Howe*, S. 93.
7. C. Adolph Glassgold, «Art in Industry», *The Arts* Bd. 13 (1928), S. 279.
8. Lanmon, *William Lescaze*, Architect, S. 51.

Ausbau/Renovierung des Wohnhauses Simeon Ford
New York, New York, 1923

Auf der Rückreise von Europa 1923 wurde Lescaze gebeten, Simeon Fords im italienischen Stil gebautes Wohnhaus aus dem neunzehnten Jahrhundert zu renovieren und ein neues Geschoß zuzufügen, das ein Studio aufnehmen sollte. Dieser Auftrag ermöglichte es Lescaze, seine Anstellung bei Walter R. McCormack in Cleveland, Ohio, aufzugeben und in der West 8th Street Nr. 24 in New York sein eigenes Büro zu eröffnen.

1

1 Mit dieser Neujahrskarte aus dem Jahre 1924 wurde die Eröffnung von Lescazes eigenem Büro bekanntgegeben. Sie zeigt eine perspektivische Skizze der Erweiterung und Renovierung des Wohnhauses Simeon Ford am Sutton Square Nr. 2 in New York aus dem Jahre 1923.

2 Wohnhaus Ford. Eingangsfassade am Sutton Square (links), Seitenfassade am Sutton Place (rechts).

2

Capital Bus Terminal
New York, New York, 1927

1 Capital Bus Terminal, 230 West 50th Street, New York 1927. William Lescaze. Eingang und Verladeplattformen.

Der Busbahnhof befindet sich auf einer schmalen Eckparzelle zwischen der 50. und der 51. Straße. Das Flachdach ragt ungefähr einen Meter achtzig weit über den Haupteingang hinaus und bildet ein halbrundes Vordach. Dieses kurvenförmige Motiv taucht in Lescazes Interieurs und Gebäuden der dreißiger Jahre immer wieder auf. Entwurf und Detailarbeiten weisen keine besonderen Höhepunkte auf. Das Gebäude war ein erster Versuch, die Ideen der Moderne an der Ostküste der Vereinigten Staaten einzuführen. Der Bus Terminal wurde vor 1932 abgerissen.

Soldaten- und Matrosendenkmal
Providence, Rhode Island, 1927

1 Wettbewerbsbeitrag für ein
Soldaten- und Matrosendenkmal,
Providence, Rhode Island, 1927.
William Lescaze. Vordere und hintere
Ansicht.

Völkerbundpalast
Genf, Schweiz, 1927

1 Wettbewerbsbeitrag für den Völkerbundpalast, Genf, Schweiz, 1927. William Lescaze. Perspektive.

Ein Waldgrundstück am Ufer des Genfersees, dessen Hintergrund ein Alpenpanorama bildete, sollte der Bauplatz für das Sekretariat des Bundes und für eine separate Halle für die Generalversammlung mit einer Bestuhlungskapazität für 2600 Menschen sein. Das Projekt sah außerdem eine Vielzahl von Rats- und Komiteeräumen, eine Bibliothek, ein Restaurant, eine Suite für den Generalsekretär, Parkplätze und Diensträume vor. Der Kostenrahmen für alles zusammen betrug dreizehn Millionen Schweizer Franken. Für die damalige Zeit ist Lescazes Entwurf extrem modernistisch und zählt beinahe zur «Jazzmoderne».

Jagdhütte für Graf Jean de Sieyes
Mount Kisco, New York, 1927–1928

1

1 Jagdhütte für Graf Jean de Sieyes, Mount Kisco, New York, USA, 1927–1928. William Lescaze. Ursprüngliches Projekt, 1927.

2 Jagdhütte de Sieyes. Vordere Fassade.

3 Jagdhütte de Sieyes. Schlafzimmer.

4 Jagdhütte de Sieyes. Wohnzimmer.

2

4

3

Das ursprüngliche Projekt zeigt drei einfache, getrennt gegliederte verputzte Blöcke, deren mittlerer ein Wohnzimmer von doppelter Höhe mit einem freitragenden Pultdach und einem großen metallgefaßten Eckfenster beherbergt (dieser Fenstertyp tauchte später im Entwurf für die Oak-Lane-Country-Tagesschule wieder auf). Im rechten Seitengebäude befindet sich das Schlafzimmer und im linken die Dienstbotenräume, unter denen dank dem abfallenden Grundstück eine Garage untergebracht ist. Der Bauherr entschied sich nicht für dieses Projekt, sondern für eine stärker an die ortsübliche Bauweise angenäherte Alternative, bei der die drei Blöcke enger zusammenhängen. An die Stelle des Putzes trat eine Holzverschalung. Alle Dächer wurden als traditionell geneigte Dächer ausgeführt.

Gestaltung von Innenräumen
1928–1929

1

2

3

1 Wohnung Lescaze, East 42nd Street Nr. 337, New York, 1926. William Lescaze. Eingang.

2 Wohnung R. Colfax Phillips, West 12th Street Nr. 19, New York, 1927–1928.

3 Wohnung R. Colfax Phillips. Wohnzimmer.

4
4 Wohnung Leopold Stokowski, East 77th Street, New York, 1928–1929. William Lescaze. Studio.

5 *International Exhibition of Art in Industry, Kaufhaus Macy's, New York, 1928. William Lescaze. Einrichtung für ein Penthouse-Studio.*

6 *Schönheitssalon Maison Bertie, Fifth Avenue Nr. 695, New York, 1928. William Lescaze.*

7 Ausstellungsraum der Andrew-Geller-Fabrik, Brooklyn, New York, 1928. William Lescaze.

8 «Dauer-» Ausstellung der Frederick Loeser Company, Brooklyn, New York, 1928. William Lescaze. Wohnraum und Arbeitszimmer.

Landhaus für ein junges Ehepaar
Auftragsarbeit für
Architecture Forum, 1927

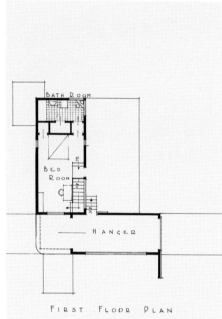

1

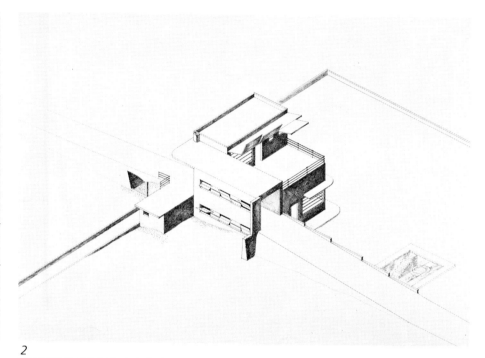

2

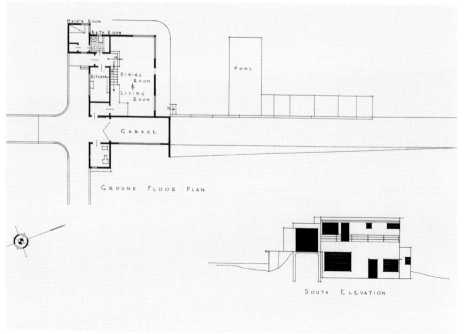

3

1 Landhaus für ein junges Ehepaar, in Auftrag gegeben von Architecture Forum, 1927. William Lescaze. Grundriß für das erste Obergeschoß.

2 Landhaus. Axonometrie.

3 Landhaus. Grundriß für das Erdgeschoß und Südansicht.

**Amerikanisches Landhaus der Zukunft —
Ein amerikanisches Haus 1938**
Auftragsarbeit für
Architectural Record, 1928

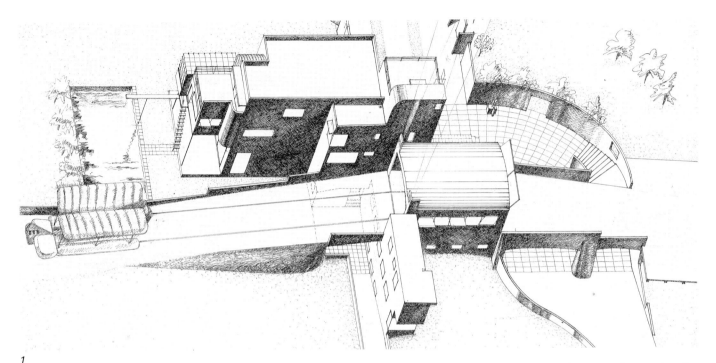

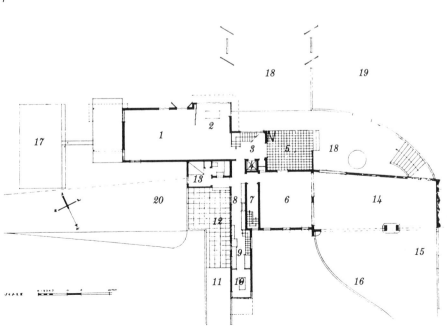

1 Amerikanisches Landhaus der Zukunft, Auftragsarbeit für *Architectural Record*, 1928. William Lescaze. Axonometrie.

2 Amerikanisches Landhaus der Zukunft, Grundriß für das Erdgeschoß. Schlüssel: (1) Eßzimmer, (2) Eßecke, (3) Flur, (4) Aufzug, (5) Terrasse, (6) Doppelgarage, (7) Treppe zum Maschinenraum, (8) Anrichte, (9) Küche, (10) Eßzimmer für Dienstboten, (11) Betriebseinfahrt, (12) Betriebshof, (13) Personalbereich, (14) Parkplätze, (15) Einfahrt für Fahrzeuge, (16) Ausfahrt, (17) Schwimmbecken, (18) Hof, (19) Garten, (20) Rampe nach oben.

Projekt für ein Apartement
New York, New York, 1928

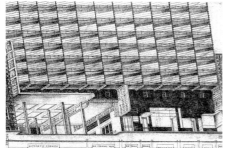

1

1 Projekt für ein Wohn- und Parkhaus, Broadway, zwischen der 50. und der 51. Straße, New York, 1928. William Lescaze. Ansicht auf Straßenhöhe (von links nach rechts): automatisiertes Parkhaus, Bushaltestelle, Einfahrt mit Ausrichtungsplattform, Fahrkartenschalter, Eingang zum Wohnhaus, Restaurant, Läden).

2 Wohnhaus und Garage. Perspektive.

2

Projekt für ein Apartementhaus mit Garage
New York, New York, 1928

1 Wohnhausprojekt, Ecke Park Avenue und 72. Straße, New York, 1928. William Lescaze. Perspektive.

Partnerschaft und Reifephase
1929–1933

Lindsay Stamm Shapiro

Eine produktive Partnerschaft gründet sich in der Regel auf komplementäre Interessen. So war es auch bei Howe und Lescaze. Howe erkannte, daß es höchste Zeit für ihn war, sich eine moderne architektonische Syntax aufzubauen, und Lescaze hegte den Wunsch, in viel größerem Maßstab als bisher zu bauen. Diese vom Glück begünstigte, fruchtbare Partnerschaft verdankten sie zwei gemeinsamen Bekannten: der Innenarchitektin Jeanne de Lanux und dem Börsenmakler William Wasserman, für den Lescaze ein Bürointerieur entworfen hatte. Die Sozietät der beiden Männer wurde am 1. Mai 1929 formell konstituiert. Eine wichtige Bestimmung der Vereinbarung wies Howe die Verantwortung für das Geschäftliche und Lescaze die Verantwortung für die architektonischen Entwürfe zu.[1]

Die Vermutung liegt nahe, daß Lescaze hauptsächlich deswegen in die Bürogemeinschaft eintrat, weil Howe kurz davor stand, den PSFS-Auftrag an Land zu ziehen. Offenbar fand auch Howe, daß Lescazes Beteiligung so wichtig war, daß er bereit war, weitgehende Zugeständnisse zu machen. So übernahm Howe nicht allein die Verantwortung für alle geschäftlichen Verhandlungen, er war auch bereit, Lescazes eigenes Büro in der East Forty-second Street Nr. 337 in New York als die Hauptadresse für das Büro zu verwenden. Ein noch deutlicherer Beleg für die hohe Wertschätzung, die Howe den Entwurfskünsten Lescazes entgegenbrachte, ließe sich schwerlich vorstellen. Die Urheberschaft für die meisten von Howe und Lescaze verwirklichten Gebäude wurde absprachegemäß während der Partnerschaft beiden Männern zugeschrieben;[2] doch die einzigen Erzeugnisse einer echten Zusammenarbeit zwischen den beiden waren das PSFS-Gebäude und das PSFS-Parkhaus. Eine Analyse der Arbeit jedes Architekten vor und nach der Partnerschaft zeigt, daß Lescaze die primäre Verantwortung für den Entwurf der meisten Gemeinschaftsprojekte trug.

Vor der Begründung der Gemeinschaft bat Leopold Stokowski Lescaze, für die Oak-Lane-Country-Tagesschule in der Nähe von Philadelphia im Bundesstaat Pennsylvania eine Kinderkrippe zu entwerfen. Der Schulleiter William Curry wurde später zu einem bedeutenden Auftraggeber Lescazes, als er ihn mit dem Bau der Gebäude für die Dartington-Hall-Siedlung beauftragte. Curry wünschte, daß die Schule in einer ausgeprägt modernen Formensprache gebaut werde, die vor allem funktional und wirtschaftlich sein sollte. Henry-Russell Hitchcock schrieb in seinem MoMA-Katalog von 1932 «Modern Architecture: International Exhibition», daß der primäre Wert der Schule darin liege, daß sie «als ein Manifest die Aufmerksamkeit Amerikas auf neue architektonische Möglichkeiten gelenkt» habe.[3] Hitchcock fand, daß ihre eher gewöhnliche Bauweise dem nicht entgegenstand. Wie bei seinen späteren Arbeiten wechselte Lescazes Formensprache auch hier ständig zwischen rechtwinkligen und gerundeten Formen. Die plastische Masse der Schule kontrastiert das Zwillingspaar der rechtwinkligen Klassenzimmer mit der geschwungenen Brüstung, die den Spielbereich definierte und erweiterte.

Wie für andere progressive Schulen der Zeit galten auch für die Oak-Lane-Schule die Prinzipien, soviel Sonnenlicht wie möglich hereinzuführen und überdachte und offene Spielbereiche bereitzustellen. Wie bei Johannes Duikers Freiluftschule von 1929–1930 oder bei Richard Neutras Corona-Avenue-Schule von 1935 waren diese Spielbereiche in die architektonische Form der Schule integriert. Bei Oak Lane diente das begehbare Dach als erhöhter Spielraum und als Schutzdach für den Spielhof darunter. Da aufgrund finanzieller Beschränkungen ein Klassenzimmer weggelassen wurde, erscheint das schließlich gebaute Oak-Lane-Gebäude ungewollt asymmetrisch. Auch die neoplastische Zusammenstellung sich kreuzender, überlappender Eckflächen und Fenster-Verschattungsblenden, die noch in der ursprünglichen perspektivischen Zeichnung zu sehen gewesen war, verschwand aus finanziellen Gründen. Lescaze achtete sehr darauf, geeignete Materialien für den Innenraum auszuwählen. So wurden die Böden in den Klassenzimmern mit Kork ausgelegt, der den Kindern zum Spielen eine glatte, dauerhafte und isolierte Oberfläche bot. Die Abmessungen der Eingänge, die klein dimensionierten Fenster und Treppenstufen paßten sich alle an die kindlichen Körpermaße an. Vom ästhetischen Standpunkt aus läßt sich dieser kindgerechte Maßstab als «Modell»-Welt lesen, die in den größeren Maßstab eingebettet ist.

Lescaze teilte mit anderen modernen Architekten der dreißiger Jahre das Interesse für Le Corbusiers Fünf Punkte einer Neuen Architektur (1926), insbesondere in bezug auf seine gewohnheitsmäßige Verwendung erhöhter Flachdächer an den Ecken, die von Stützpfeilern, den sogenannten Pilotis, getragen werden; diese Strategie wurde in Lescazes Wohngebäudearchitektur häufig angewandt. Dieses Stilmittel wurde bei einer Reihe von Wohnhäusern schrittweise verfeinert, deren erstes 1929 für Frau French Porter für ein Grundstück in Ojai, Kalifornien, projektierte Haus war. Die Komposition des Grundrisses und die Behandlung der Aufrisse ähnelten Oak Lane, da auch hier wieder ein stromlinienförmig behandeltes Flachdach zwischen die Eckpunkte zweier rechtwinkliger Massen gesetzt wurde. Bei diesem Projekt, das als eine asymmetrische Vernähung von Terrassen, Dächern und auskragenden Vordächern komponiert wurde, wurden aus einem Raumgelenk, das seitlich vom Massenzentrum lag, Gebäudeteile nach neoplastischem Muster herausgeschwenkt. Dieses Gefüge wurde durch die zum Garten führende diagonale Treppe unmittelbar ausbalanciert. In Oak Lane wurde eine doppelte Symmetrieachse verwendet, doch hier erweckt die Komposition sofort den Eindruck machtvoller Drehkräfte. Die Gebäudekonturen waren offensichtlich sorgfältig auf das Grundstück abgestimmt: Die Rückseite des Hauses fügte sich in die Baumlinie ein, und der Bug oder die Vorderseite öffnete sich, um den Ausblick zu ermöglichen. Die Perspektive macht deutlich, daß dieses Projekt, das zwar auf den Standort einging, noch immer in eine neopuristische Syntax gekleidet war.

Lescazes erstes freistehendes modernes Haus, das verwirklicht wurde, war das Haus Frederick Vanderbilt Field, das 1931–1932 in Hartford im Bundesstaat Connecticut gebaut wurde. Einesteils wurde hier die Grundidee aus Oak Lane und dem Ojai-Projekt unmittelbar weiterentwickelt, doch das Haus Field war auch besonders wegweisend aufgrund der Art, in der öffentliche und private Zonen voneinander getrennt und doch gleichzeitig auf die Sonne ausgerichtet sind. Lescaze hatte hier Gelegenheit, seine herausragenden Fähigkeiten als Planer zu demonstrieren, denn die dramatische Ausführung der Zufahrt wird durch die Garage und die Besucherparkplätze nicht geschmälert, die beide zur Rechten des Eingangs diskret angeordnet sind. Die Küche springt vor und bietet dem Näherkommenden eine nahezu geschlossene Wand; der Besuchereinlaß und der Dienstboteneingang sind klar voneinander unterschieden. Die wichtigsten Räume des Hauses sind nach Süden, zur Aussicht hin, ausgerichtet. Dadurch ergibt sich auch eine gewisse Abgeschiedenheit für den Wohnraum, auch wenn dies mit einer Verdeckung der Westseite verbunden ist. Auch hier sehen wir uns einer neoplastisch inspirierten Komposition gegenüber. Die Quelle der Drehkräfte scheint eine Außentreppe zu sein, die Garten und Dachterrasse miteinander verbindet. In diesem Fall jedoch wird die zylindrische Form der Wendeltreppe von der abgerundeten Ecke des ausladenden großen Schlafzimmers aufgegriffen.

Auch wenn es gewisse Übereinstimmungen zwischen diesem Plan und der Lage der Außentreppe in Le Corbusiers puristischem Studio Ozenfant von 1925 gibt, unterscheiden sich Struktur und Konzeption der beiden Arbeiten stark voneinander. Das Haus Field, dessen maßgeblicher Wohnraum durch die expressive Dynamik der durch Pilotis angehobenen Schlafräume in Drehung versetzt wird, weist sicher stärkere Drehkräfte auf und wirkt bildhafter. Das Haus Field weist zwar eine maschinenartige Oberfläche ähnlich der des Studio Ozenfant auf, doch ist bei letzterem die Detailarbeit sicherlich eleganter als die eher ungeschickt zu nennende stählerne Befensterung und Geländerarbeit am Haus Field. Das Haus Field war eines der ersten Wohnhäuser im Internationalen Stil, die an der Ostküste der Vereinigten Staaten gebaut wurden. Seine Grundidee wurde später im Haus William Curry, das in Dartington in England gebaut wurde, noch deutlich verbessert.

Wie bereits angemerkt, kann kein amerikanisches modernes Gebäude der frühen dreißiger Jahre — und ganz sicher kein anderes Gebäude, das Howe und Lescaze gemeinsam oder einzeln bauten — mit der wegweisenden Bedeutung des PSFS-Gebäudes mithalten. Dies betrifft besonders die von William Jordy so bezeichnete «amerikanische Akzeptanz des Internationalen Stils».[4] Die Skizze Howes vom 20. März 1929 legte die allgemeine Anordnung des Plans fest, doch Lescazes früheste Zeichnung für das PSFS vom 27. Oktober 1929 stellt bereits die wesentlichen Elemente des verwirklichten Gebäudes vor: der kurvige Sockel mit den durchgehenden Ladenfronten, die ebenso kreisbetonte Schalterhalle darüber und die «Kerbe» im Podium, die weitere Büros der Bank enthielt und zwischen die Schalterhalle und den eigentlichen Turm geschoben war. Die Skizze vom 27. Oktober zeigt auch deutlich, daß Lescaze bereits daran dachte, den Turm über die Straßenfront der Market Street hinaus auskragen zu lassen. Auf der Ebene der Details ist Lescazes Skizze vom 2. Dezember 1929 ein expressionistisches, wenn nicht gar Mendelsohnsches Konzept. Ein Teil dieser expressiven Kraft ist im schließlich verwirklichten Gebäude deutlich zu erkennen. Damit beruhte in diesem frühen Stadium das PSFS-Podium auf der Vorstellung einer Schalterhalle als Beletage, der ein würdiger Zugang von der Straße aus durch einen Schacht mit Treppen, Rolltreppen und Aufzügen eingeräumt wurde. Diese Bündelung vertikaler Zugangsmöglichkeiten wird schließlich in der Straßenfront der Market Street durch eine expansive vertikale Befensterung zum Ausdruck gebracht.

Die sogenannte Weihnachtsskizze vom 25. Dezember 1929 verstärkte durch ihre karikaturenhafte Überzeichnung noch die in der vorangegangenen Skizze vom 2. Dezember sichtbare expressive Energie. Gleichzeitig sind in den schrägen Schaufenstern dieser Zeichnung, die an die «Zickzackbalkons» in seinem Apartement- und Parkhausprojekt von 1928 erinnern, Überbleibsel seiner Art-déco-Manier zu erkennen. Auch die horizontal gebänderten, zylindrischen Pylonenstützen und die ausgefallene Ausführung der architektonischen Graphik zeugten von einem gleichermaßen beschwingten Gefühl einer Modernität, die sich mit dem Jazz-Zeitalter eins weiß. Dieser Plan blieb bis zu seiner Präsentation vor dem Bauausschuß der PSFS im Juli 1930 in Form eines detailgetreuen Modells so gut wie unverändert. Danach drang James Willcox, der Präsident der PSFS und Vorsitzender des Bauausschusses (mit dem Howe ausschließlich zu tun hatte) so lange darauf, die tragenden Stützen über die Gebäudehaut hinaus vorstehen zu lassen, bis die Architekten schließlich nachgaben; zuvor jedoch legten sie eine Reihe von Plänen vor, welche die «ungünstigen Auswirkungen»[5] der Vorschläge der Bankiers demonstrieren sollten. Bemerkenswert bei einigen dieser Alternativen ist der Rückgriff auf die Anwendung dicker Pfeiler anstelle von dünnen "Stockwerk"-Pfeilern, die bereits von Raymond Hood für die Fassaden des Rockefeller Center verwendet worden waren. Daran wird wieder einmal die damals bestehende Nähe von Moderne und «Modernem» deutlich. Howe begann einen längeren Briefwechsel mit Willcox,[6] in dem er die anfängliche Entscheidung der Architekten für die horizontale Emphase des nach drei Seiten auskragenden Büroturms erläuterte. Willcox entgegnete, er hege die Befürchtung, das PSFS könne einem Lagerhaus oder Fabrikgebäude ähneln. Schließlich gelang es R. J. Seltzer, dem Immobilienberater der PSFS, auf überzeugende Weise darzulegen, wie schwierig es ist, Büroflächen aufzuteilen, die von freistehenden Stützen durchzogen werden. Willcox' Beharren auf der Notwendigkeit exponierter vertikaler Stützen trug wesentlich zur Qualität des endgültigen Entwurfes bei, denn — so Jordy — «die monotone Bänderung wird durch die vorstehenden Stützen überformt und belebt, die eine rhythmische Reihung von Licht und Schatten erzeugen und den Büroturm deutlich sichtbar strukturieren. Der Kontrast zwischen Betriebskern, Basis und Scheibe wird verstärkt, ohne daß künstliche Hilfsmittel hinzugezogen werden. Die ungelenke verschränkte Ecke im Modell, wo Sockel und Scheibe aufeinandertreffen, verschwindet. Die reduzierten Auskragungen gewinnen dadurch an Wirkung.»[7]

Erst nach Beginn der Bauarbeiten stand die Entscheidung für eine Klimatisierung des Turms fest, und Howe und Lescaze entwarfen die symmetrischen Dachpavillons noch einmal neu, um darin die notwendigen Kühltürme unterzubringen. Das diagonal ausgerichtete Schild, das die Kühltürme abschirmte, wurde schließlich betont asymmetrisch gestaltet. Somit schloß der Turm in einer «Plakatwand» ab, die aus ihren eigenen Initialen bestand, welche neonrot den Himmel anstrahlten. Die Struktur des Schildes, die von russischen konstruktivistischen Graphiken abgeleitet ist, weist eine komplexe Anordnung von Betriebstreppen auf und stellt sozusagen ein kleineres Gebäude auf dem Dach dar. In Howes ursprünglichem symmetrischem Entwurf war dies auch schon zum Teil so geplant gewesen.

Als modernes Gebäude seiner Zeit ist das PSFS atypisch, was die qualitativ hochwertigen externen Verkleidungen und die ebenso reichhaltigen Effekte kontrastierender Oberflächen im Inneren angeht. Die exotische Pracht der Materialien und die meisterlich lapidare funktionalistische Detailbehandlung werden hier miteinander kombiniert, als gälte es, den Beweis zu erbringen, daß diese scheinbar entgegengesetzten Ästhetiken einander durchaus ergänzen können: eine These, der sich Frank Lloyd Wright bei seiner Detailbehandlung des Verwaltungsgebäudes für S.C. Johnson 1936 anschloß. Von der rationalen Organisation der Schalterhalle mit ihren kurvigen, stromlinienförmigen Geldschaltern bis hin zum kreisförmigen Ausschnitt hinter dem Springbrunnen sind sowohl die Konzeption als auch die Detailbehandlung der Innenarchitektur noch heute, ein halbes Jahrhundert nach ihrer Vollendung, vorbildlich. Wenn auch in manchen von Lescaze gebauten Wohnhäusern eine Diskrepanz zwischen der konzeptionellen Klarheit der Form und der eher unbeholfenen Detailbehandlung der Einrichtung bestand, hier wurde durchwegs ein einheitliches Niveau durchgehalten.

Die Galerien des Zwischengeschosses, die seitlich und rückwärtig von der Schalterhalle angebracht waren, reflektieren mit ihrer Kurvenform die große Außenecke der Schalterhalle an der Kreuzung der Twelfth und der Market Street. Diese diagonal aufeinander ausgerichteten Kurvenformen und die von den durchgehenden Bankschaltern gebildete Schlangenlinie bilden gemeinsam ein Gegengewicht zur rationalistischen Strenge des Gesamtraumes. Jordy schreibt zur reichhaltigen Verkleidung dieses riesigen Volumens: «Die Galeriefronten aus sienagelbem Marmor bilden eine fließende, S-förmige Kurve hinter den Säulen, die abwechselnd mit schwarzem Tournai-Marmor und reinweißem Marmor verkleidet sind ... Dort, wo die Wände nicht aus Metall und Glas bestehen, sind sie zweifarbig mit grauem Marmor verkleidet. Die Böden sind aus dunkelgrauem Granit und die Schalterfronten aus Tournai-Marmor. Die mit blauem Leder gepolsterten Chrommöbel (allesamt von den Architekten entworfen) vervollständigen die grundlegende Gestaltung des Innenraumes."[8] Hier darf ein Hinweis darauf nicht fehlen, daß Lescaze bei diesem Innenraum Neuland in bezug auf verschiedene neue Materialien betrat, insbesondere gilt dies für die Edelstahl- und Aluminiumfensterrahmen, die bis dahin selten in einem architektonischen Kontext verwendet worden waren.

Mit der Fertigstellung des PSFS sind Lescazes Stil und Methode bereits so weit ausgeformt, daß man seine Stellung im Vergleich zu anderen modernen Architekten der frühen dreißiger Jahre bewerten kann. Innerhalb der Bandbreite seines späteren Schaffens steht das PSFS als eine einmalige Leistung da, nicht allein in bezug auf seine Größe, sondern auch, was die besondere Art der Zusammenarbeit angeht, denn wir wissen heute, daß die spezifischen Beiträge von Howe und Willcox sowie die brillante Detailbehandlung von Alfred Clauss, einem Schüler Mies van der Rohes, und dem in München ausgebildeten Walter Baermann[9] die Qualität des Ergebnisses nachhaltig beeinflußten. Die besondere Spielart eines amerikanisierten Konstruktivismus, die das PSFS darstellt, wurde niemals wiederholt, weder in Lescazes eigener Arbeit noch in der Arbeit anderer Büros in den dreißiger Jahren. An dieser Stelle ist es interessant festzustellen, daß nicht einmal die bedeutendsten Männer der Westküste — Richard Neutra und Rudolph Schindler — in der Lage waren, eine Arbeit von vergleichbarem Format zu bauen oder auch nur zu konzipieren. Doch nach dem PSFS machte sich bei Lescaze ein Mangel an sensibler syntaktischer Wendigkeit bemerkbar, der für die Arbeit dieser österreichischen Emigranten so charakteristisch war, obwohl andererseits seine Handschrift bei der plastischen Konfiguration einen entschiedeneren Zug erlangte, da er nunmehr mit bevorzugter volumetrischen Elementen und kompositorischen Strategien arbeitete. Alles in allem ist es gerechtfertigt, das Ergebnis eher skulptural als konstruktivistisch zu nennen. Dagegen zeigte Lescaze auf der Ebene des Details eine Vorliebe für aerodynamische Profilierungen, die sich auch in der Arbeit seiner zeitgenössischen Kollegen auf dem Gebiet des Designs, beispielsweise bei Walter Dorwin Teague, Norman Bel Geddes und Raymond Loewy finden läßt. Andererseits braucht Lescazes Arbeit sowohl national als auch international den Vergleich mit den Leistungen von Pionieren wie Wells Coates, A. Lawrence Kocher und E. Maxwell Fry sicherlich nicht zu scheuen. So richtig es auch ist, daß er nicht die Präzision erreichte, die die besten Arbeiten George Kecks auszeichnet, und auch nicht an das Niveau entmaterialisierter Eleganz eines Neutra oder an die syntaktische Verfeinerung Lurçats oder Mallet-Stevens' herankam, so bewies er doch ein bedeutendes Gespür für die Erfindung plastischer, wenn nicht sogar barocker Formen, das besonders im konstruktiven Erfindungsreichtum seines Luftfahrtgebäudes für die Weltausstellung 1939 in New York zum Ausdruck kommt. Leider wurde seine Überzeugung von der schicksalhaften Bestimmung der Modernen Architektur, die er mit anderen seiner Generation teilte, durch den Zweiten Weltkrieg untergraben, der somit auch die Reste seines jugendlichen Erfindungsreichtums verschüttete.

Anmerkungen
1. «Bedingungen der Sozietät», Sammlung der Familie Lescaze.
2. William Jordy, «PSFS: Its Development and Its Significance in Modern Architecture», *JSAH* Bd. 21 (Mai 1962).
3. Henry-Russell Hitchcock, «Howe and Lescaze», in Henry-Russell Hitchcock et al., *Modern Architecture: International Exhibition*. Ausstellungskatalog (New York: Museum of Modern Art, 1932), S. 144.
4. Siehe Jordys Kapitel «The American Acceptance of the International Style: George Howe und William Lescaze's Philadelphia Saving Fund Society Building», in *American Buildings and Their Architects: The Impact of European Modernism in the Mid-Twentieth Century* (Garden City: Doubleday Company, Inc., 1972). S.a. zur Kontroverse um die Urheberschaft am PSFS die Einführung zu diesem Katalog.
5. Jordy, *JSAH*, S. 63.
6. Dieser Briefwechsel wurde im JSAH-Anhang vollständig dokumentiert (Mai 1962), S. 95–102.
7. Jordy, *JSAH*, S. 67.
8. Jordy, *JSAH*, S. 72.
9. Gespräch des Verfassers mit Alfred Clauss am 5. Mai 1982.

Eine Kinderkrippe für die Oak-Lane-Country-Tagesschule
Oak Lane, Pennsylvania, Vereinigte Staaten, 1929

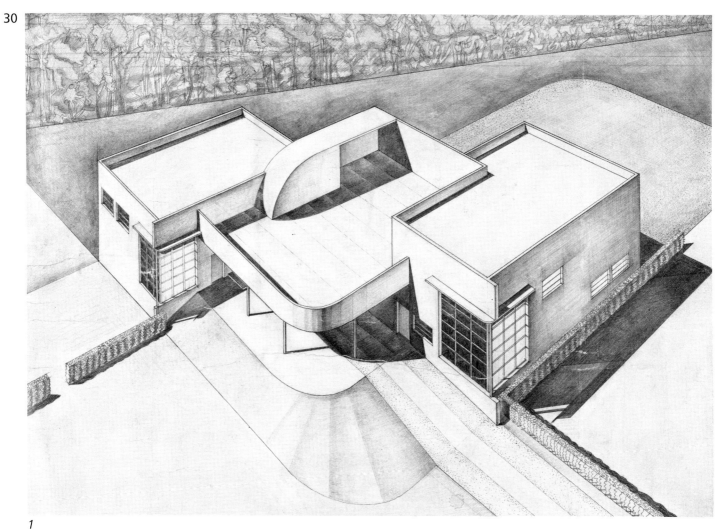

1 Kinderkrippe für die Oak-Lane-Country-Tagesschule, Oak Lane, Pennsylvania, USA, 1929. Howe und Lescaze (Entwurf Lescaze). Axonometrie des ursprünglichen Entwurfs.

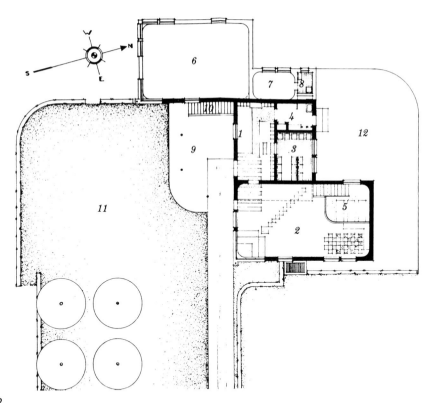

2 Oak-Lane-Schule. Lageplan.
Schlüssel:
(1) Flur, (2) Klassenzimmer A,
(3) Kindertoilette, (4) Schnellküche,
(5) Plattform, (6) Klassenzimmer B,
(7) Erzieherzimmer,
(8) Erziehertoilette, (9) Veranda,
(10) Treppe zum Dachspielplatz,
(11) Spielplatz, (12) Betriebshof.

Diese Schule war vermutlich das erste Beispiel des amerikanischen Internationalen Stils, das weithin bekannt wurde. Dennoch wurde sie nicht in den MoMA-Katalog «Modern Architecture: International Exhibition» von 1932 aufgenommen. Der Entwurf sah zwei Klassenzimmer vor, die durch große Eckfenster erleuchtet und durch einen Flur verbunden wurden, der zu einem Waschraum, einer Kleinstküche und einem abgetrennten Büro führte. Wegen Geldmangels wurde jedoch nur ein Klassenzimmer gebaut. Die verputzten Betonwände sind an der Süd-, West- und Nordseite weiß, an der Ostseite blau bemalt. Die zweigeschossige Veranda fungiert unten als überdachter Spielplatz und oben als Sonnendeck, das an zwei Seiten durch eine massive Brüstung geschützt wird.

3 Oak-Lane-Schule. Klassenzimmer mit Eckfenster.

4 Oak-Lane-Schule. Eingangsfassade.

Ein Windfang über der Treppe verbindet die beiden Ebenen miteinander und bildet gegen Südwesten eine geschützte Ecke. Der Maßstab des gesamten Gebäudes – Türen, Möbel, Fensterbretter und Treppenstufen – ist auf die Größenverhältnisse von Kleinkindern abgestimmt. Lescaze verwendet hier offenbar erstmals eine horizontale Fensteranordnung.

Hochhaus der Philadelphia Saving Fund Society
Philadelphia, Pennsylvania, Vereinigte Staaten, 1929–1932

1

2

1 Hochhaus der Philadelphia Saving Fund Society, Philadelphia, Pennsylvania, Vereinigte Staaten, 1929–1932. Howe und Lescaze. Ansicht von der Camden Bridge.

2 PSFS. Gerundete Ecke der Schalterhalle, über die Market Street auskragender Turm.

3 PSFS. Perspektive des endgültigen Projekts, angefertigt von Hugh Ferriss, 1930.

4 PSFS. Photomontage des Modells am Standort, ca. 1933.

3

4
Das PSFS Building war die bedeutendste Arbeit, die Howe und Lescaze entwarfen. Gemeinsam mit Richard Neutras Haus Lovell läutete es in den Vereinigten Staaten den Internationalen Stil ein. Der Sockel der zweiunddreißigstöckigen Struktur besteht aus Läden auf Straßenniveau, über denen sich die ca. 2 Meter weit auskragende Schalterhalle befindet. Diese Halle ist mit ca. 10 Meter hohen horizontalen Stahlfenstern versehen, die an der Ecke

abgerundet sind. Die marmorne Schalterhalle ist von der Market Street über Rolltreppen direkt erreichbar. Der Eingang zum Bürogebäude und zur Aufzugsbatterie befindet sich an der Twelfth Street. Die drei mit Kalkstein verkleideten Geschosse von Schalterhalle und Büros bilden einen Übergang vom anthrazitfarbenen Granitsockel zum eigentlichen Büroturm, der mit grauen Mauerziegeln verkleidet ist. Ein dünner funktioneller Grat für die Serviceeinrichtungen auf der Rückseite verleiht dem im wesentlichen scheibenförmigen Grundriß eine T-förmige Konfiguration. Die graue Ziegelsteinstruktur des Büroturms kontrastiert mit den schwarzen glasierten und unglasierten Ziegelsteinen, mit denen das Rückgrat verkleidet ist. Alle Fenster haben Aluminiumrahmen.

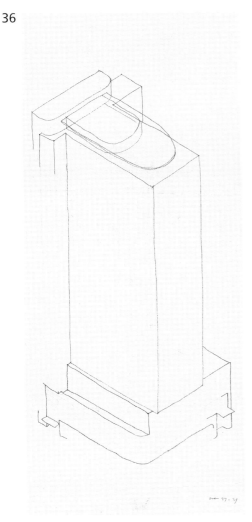

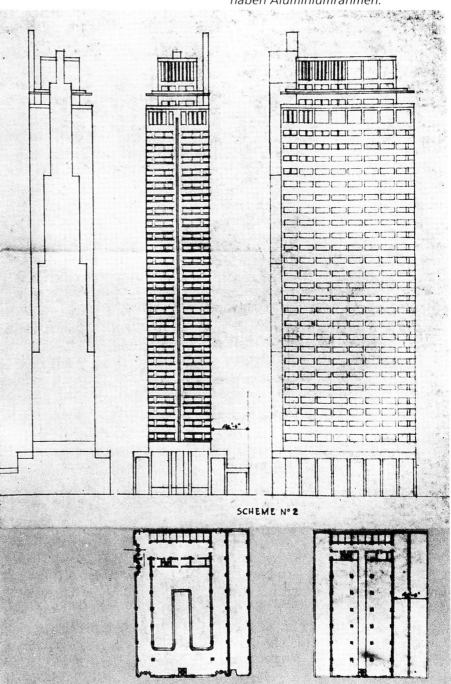

5 PSFS. Vorstudie Axonometrie von Lescaze, 27. Oktober 1929.

6 PSFS. Plan 2, 20. März 1929. Aufrisse und Grundrisse von Howe.

7 PSFS. Vor-Skizze der gerundeten Basis von Lescaze, 2. Dezember 1929.

8 PSFS. «Weihnachtsskizze» des gerundeten Sockelgeschosses von Lescaze, 25. Dezember 1929.

9 PSFS. Rückwärtige Ansicht des Modells, das im Juli 1929 dem Bauausschuß präsentiert wurde.

7

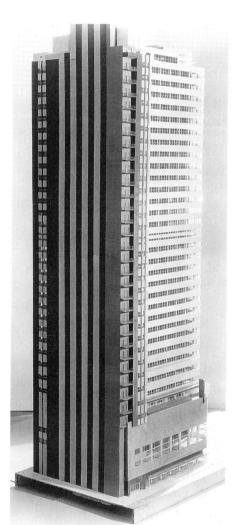

8

9

38 *10 PSFS. Plan 1, 22. Oktober 1930. Ansichtsstudie von der Twelfth Street aus.*

11 PSFS. Plan 2, ca. November 1930. Ansichtsstudie von der Twelfth Street aus.

12 PSFS. Plan 3, ca. November 1930. Ansichtsstudie von der Twelfth Street aus.

13 PSFS. Plan 4, ca. November 1930. Ansichtsstudie von der Twelfth Street aus.

14 PSFS. Plan 4, Market-Street-Ansichtsstudie.

Diese vergleichenden Ansichten wurden dem PSFS-Bauausschuß von Howe und Lescaze vorgelegt, weil sie so demonstrieren wollten, daß es nicht machbar sei, die vertikale Struktur auf der Außenseite der Scheibe auszudrücken. Plan 3 kommt dem endgültigen Entwurf am nächsten, doch wurde auch ein weiterer Plan vorgelegt, bei dem die vertikale Struktur über das Bankpodium hinaus geführt wurde. Plan 1 war Lescazes ursprünglicher Entwurf; die Pläne 2 und 4 greifen auf bestimmte Art-déco-Merkmale zurück, die in Howes erster Entwurfsskizze vom März 1929 bereits latent vorhanden gewesen waren.

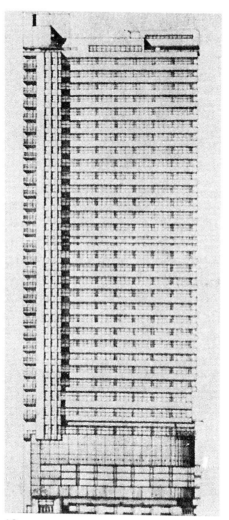

10

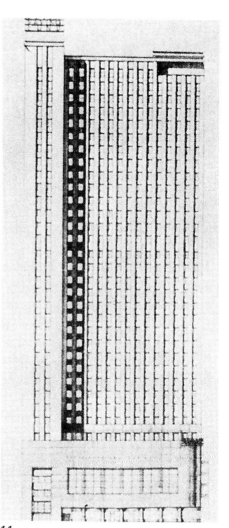

11

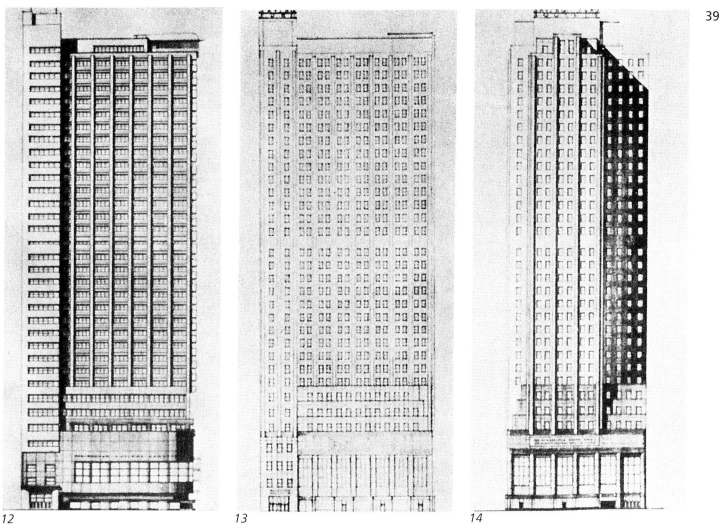
12 13 14

40

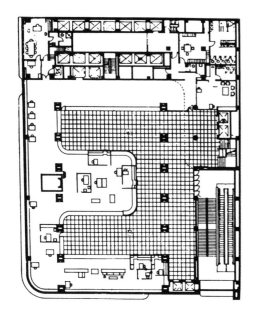

15

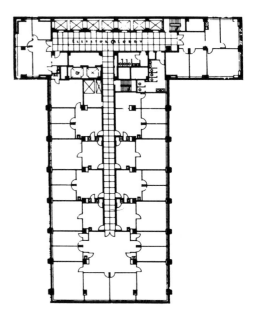

16

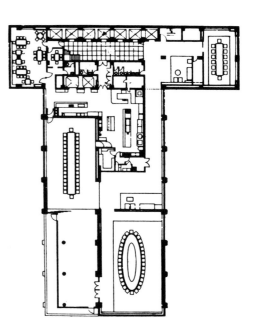

17

15 PSFS. Grundriß des zweiten Obergeschosses (Schalterhalle), definitives Projekt.

16 PSFS. Typischer Bürogeschoßgrundriß, definitives Projekt.

17 PSFS. Grundriß für das 33. Obergeschoß (Konferenzraum für die Unternehmensleitung, Speisesaal, Sonnenterrasse), definitives Projekt.

18 PSFS. Eingangslobby an der Market Street mit Rolltreppen und Treppen, die zur Schalterhalle führen.

19 PSFS. Schnitt, definitives Projekt.

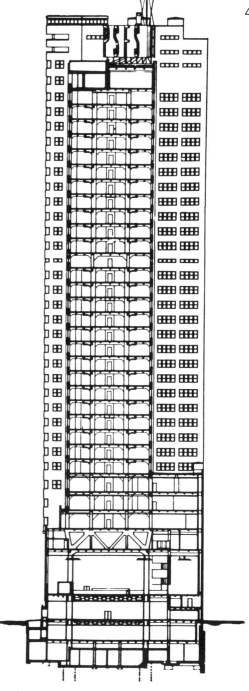

20

21

20 PSFS. Hauptschalterhalle.

21 PSFS. Blick auf Schalterhalle aus dem Personalbereich heraus.

22 PSFS. Die kurvenförmigen Galerien schließen an die Hauptschalterhalle an.

23 PSFS. Die Galerien im Zwischengeschoß beherbergen Büros.

44

24

25

24 PSFS. Gitter und Stahlrohrstuhl, von Lescaze für den Tresorbereich entworfen.

25 PSFS. Aussichtsplattform.

26 PSFS. Die zur Aussichtsplattform führenden Treppen.

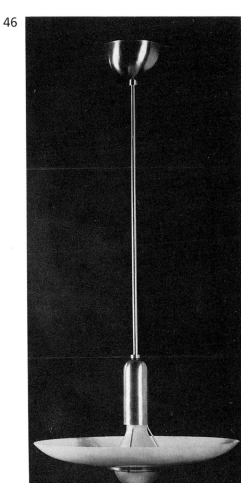
27

28

27 PSFS. Deckenlampe für Korridore.

28 PSFS. Konferenzzimmer mit von Lescaze entworfenen Lampen, Stühlen, Schreibtischgarnitur.

29 PSFS. Elektrische Uhr für Korridore.

30 PSFS. Schreibtischlampe.

31 PSFS. Schreibtischgarnitur.

29

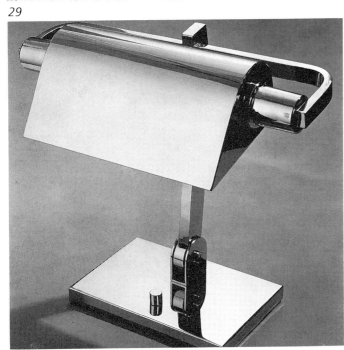

30

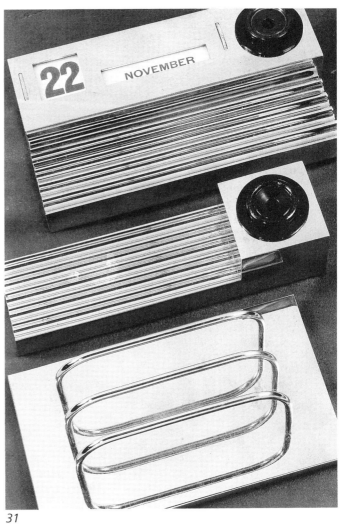

31

Projekt für das Museum of Modern Art
New York, New York, Vereinigte Staaten, 1930–1931

48

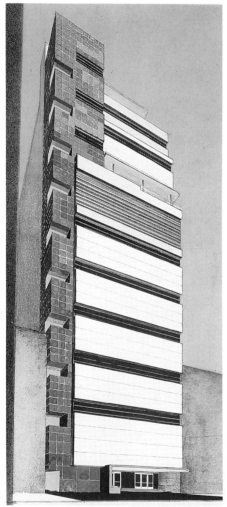

1

2

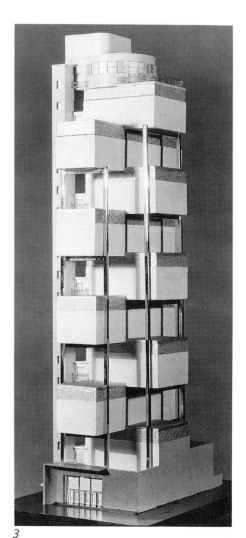

3

1 Projekt für das Museum of Modern Art auf einem prototypischen Bauplatz, New York, Vereinigte Staaten, 1930–1931. Howe und Lescaze (Entwurf Lescaze). Plan 1, 1930.

2 MoMA-Projekt. Plan 2, 1930.

3 MoMA-Projekt. Plan 4, erste Variation, 1930.

4 MoMA-Projekt. Plan 4, zweite Variation, 1930.

5 MoMA-Projekt. Plan 5, 1931.

6 MoMA-Projekt. Plan 6, 1931.

Das Museum of Modern Art benötigte einen Bau zur Unterbringung seiner wachsenden Sammlung und bat Howe und Lescaze, ein neues Museumsgebäude zu entwerfen, das für ein typisches Stadtgrundstück auf der südlichen Straßenseite mit 18 Metern Breite und 30 Metern Tiefe geeignet sein sollte. Die geforderte Tiefe erschwerte die Belichtung der Ausstellungsräume. Dies fand seinen Niederschlag in den sechs Projekten, die das Büro während zwei Jahren entwickelte.

4

5

6

Haus Mrs. George French Porter
Ojai, Kalifornien, Vereinigte Staaten, 1929

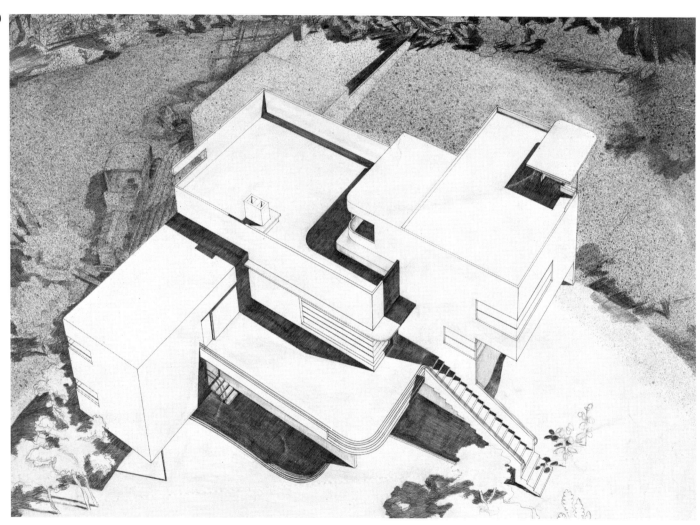

1 Projekt für das Haus French Porter, Ojai, Kalifornien, Vereinigte Staaten, 1929. Howe und Lescaze (Entwurf Lescaze). Perspektive.

Dieses Haus entwickelt die Syntax für das American-House-Projekt von 1928 weiter. Die wesentliche Bereicherung ist hier das gerundete Eckvordach sowie die Terrasse mit Geländer, die von der Oak-Lane-Schule abgeleitet sind. Aus der Rückschau läßt sich das Haus Porter als Prototyp für das drei Jahre später gebaute Haus Frederick Field sehen. Das Haus Porter ist eine Betonkonstruktion mit Stahlskelett. Die Nord- und Ostseiten der verputzten Wände wurden weiß bemalt. Die Süd- und Westseiten wurden hellblau bemalt. Die Fensterrahmen wurden blau und die Geländer weiß bemalt.

Haus Arthur Peck
Paoli, Pennsylvania, Vereinigte Staaten, 1929–1930

1 Projekt für Haus Arthur Peck, Paoli, Pennsylvania, 1929–1930. Howe und Lescaze (Entwurf Lescaze). Perspektive.

Dieser Plan war der ehrgeizigste aus einer Reihe von nicht verwirklichten Landhäusern, die 1929 von den beiden Partnern entworfen wurden. Für das Erdgeschoß waren vorgesehen: ein 9 Meter langes Wohnzimmer mit überdachter Veranda, Bibliothek, Eßzimmer, Waffenraum, Ankleide-zimmer, Speisekammer und Anrichte, ein kompletter Dienstbotentrakt und eine Garage für vier Automobile. Entwurfselemente aus diesem Projekt, das wegen des Börsenkraches aufgegeben wurde, tauchten später im Haus Field und im Haus Curry wieder auf.

Haus William Stix Wasserman
Whitemarsh, Pennsylvania, Vereinigte Staaten, 1929–1930

52

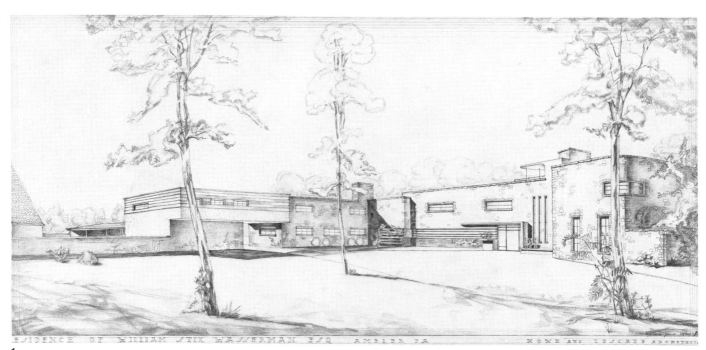

1

2

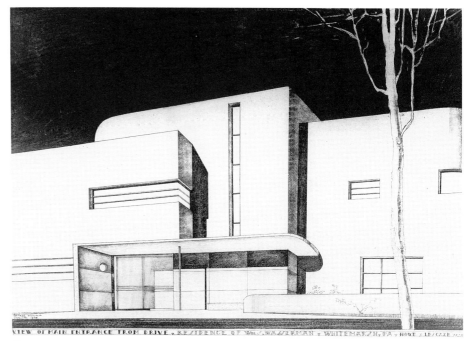

3

1 Haus William Stix Wasserman, Whitemarsh, Pennsylvania, Vereinigte Staaten, 1929–1930. Howe und Lescaze. Perspektive.

2 Haus Wasserman. Dieses Haus, das 1932–1934 von George Howe fertiggestellt wurde, erhielt den Namen «Square Shadows» (Quadratschatten).

3 Haus Wasserman, 1929–1930. Ansicht des Haupteingangs von der Zufahrt aus.

4 Haus Wasserman, 1929–1930. Gartenfassade. Perspektive.

5 Haus Wasserman. 1929–1930. Modell.

4

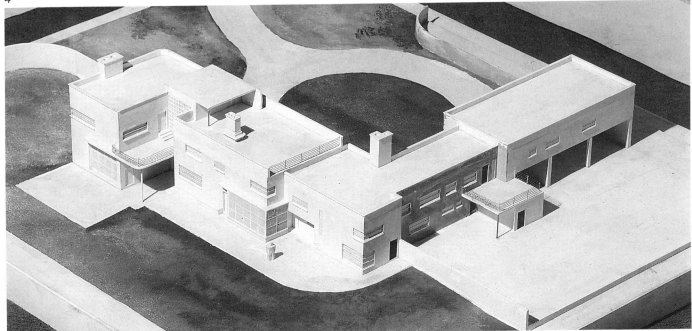

5

Haus Frederick Vanderbilt Field
New Hartford, Connecticut, Vereinigte Staaten, 1930–1931

1 Haus Frederick V. Field, New Hartford, Connecticut, Vereinigte Staaten, 1930–1931. Howe und Lescaze (Entwurf Lescaze). Südansicht.

2 Haus Field. Grundriß des Erdgeschosses. Schlüssel: (1) Wohnzimmer, (2) Terrasse, (3) Schlafzimmer des Dienstmädchens, (4) Küche.

3 Haus Field. Grundriß des ersten Obergeschosses. Schlüssel: (5) großes Schlafzimmer, (6) Bad, (7) Kinderzimmer, (8) Terrasse.

4 Haus Field. Perspektive.

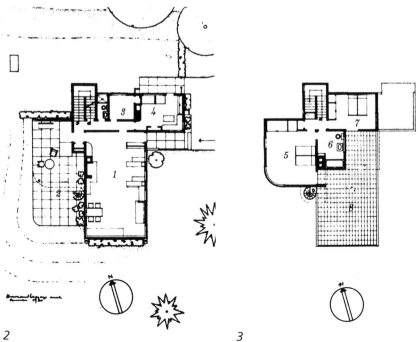

Haus Maurice Wertheim
Cos Cob, Connecticut, Vereinigte Staaten, 1931

1

2

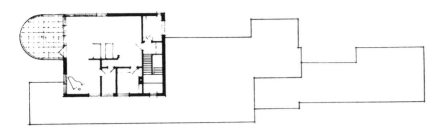

3

4

5

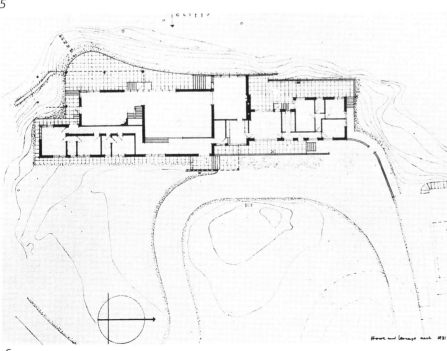

6

1 Projekt für das Haus Maurice Wertheim, Cos Cob, Connecticut, Vereinigte Staaten, 1931. Howe und Lescaze (Entwurf Lescaze). Perspektive von Plan 1.

2 Haus Wertheim. Perspektive von Plan 2.

3 Haus Wertheim. Grundriß des ersten Obergeschosses.

4 Haus Wertheim. Ostansicht von Plan 1.

5 Haus Wertheim. Westansicht von Plan 1.

6 Haus Wertheim. Grundriß des Erdgeschosses.

Hessian-Hills-Schule
Croton-on-Hudson, New York, Vereinigte Staaten
1931–1932

58

1

2

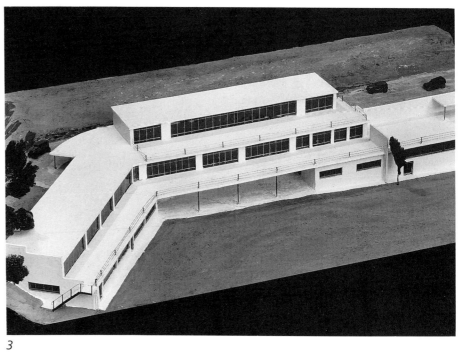
3

1 Hessian-Hills-Schule, Croton-on-Hudson, New York, 1931–1932. Howe und Lescaze (Entwurf Lescaze). Perspektive.

2 Hessian-Hills-Schule. Klassenzimmer.

3 Hessian-Hills-Schule. Modell von Plan 1.

4 Hessian-Hills-Schule. Südansicht.

4

5 Hessian-Hills-Schule. Grundriß des Erdgeschosses. Schlüssel: (1) Klassenzimmer, (2) Labor, (3) Bibliothek, (4) Lehrerzimmer, (5) Flur, (6) Büro, (7) Zimmer des Schulleiters, (8) Lagerraum, (9) Garderobe, (10) Erste-Hilfe-Raum, (11) Hausmeister, (12) Kinderküche, (13) Küche, (14) Anrichte, (15) Schreinerwerkstatt, (16) Metallwerkstatt, (17) Druckwerkstatt, (18) Töpferei, (19) Handwerksraum, (20) Ankleideräume, (21) Foyer und Garderobe, (22) Aula, (23) Bühne, (24) Musikzimmer, (25) Lagerraum, (26) Terrasse, (27) Parkplätze.

Die Hessian-Hills-Schule war auf lineare Weise organisiert. Alle Klassenzimmer waren nach Süden ausgerichtet. Die Betriebseinrichtungen entlang des Zugangsflures blickten nach Norden. Auf der Nordseite kam außerdem noch ein eingeschossiger Block für Handwerkskurse hinzu. Die anderthalbmal so hohe Aula erweiterte die lineare Baumasse in westlicher Richtung. Lescazes erstes Projekt für den Bauplatz hatte allerdings einen Terrassenplan auf drei Ebenen vorgesehen, der sich eng in das Terrain einschmiegte, so daß man das Gebäude auf verschiedenen Ebenen hätte betreten können. Der Block der Aula wäre gegen Südosten ausgerichtet gewesen. Nach Vorlage von acht Alternativen, die jeweils den Bedingungen eines knapp bemessenen Budgets Rechnung tragen sollten, wurden schließlich nur ein Geschoß mit Klassenzimmern sowie die Aula gebaut. Diese reduzierte Version mußte auf die lebendigeren Elemente der Komposition verzichten. Das wichtigste Merkmal, das tatsächlich verwirklicht wurde, war das Interieur der Klassenzimmer im Stil der Neuen Sachlichkeit.

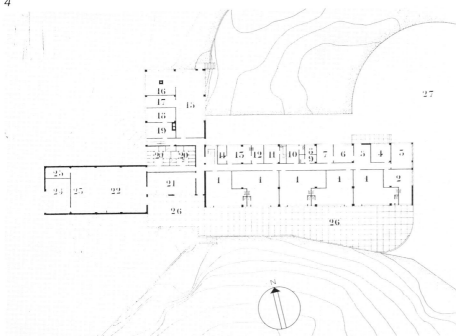

5

Ablösung von der Bürogemeinschaft
1934–1939

Christian Hubert

Noch bevor Lescaze und Howe ihre Partnerschaft 1935 auflösten, übernahm Lescaze einige Aufträge in eigener Regie. Das ausgedehnte Bauprogramm für die Dartington-Hall-Siedlung in South Devon in England (1931–1935) wird allgemein Lescaze und seinem englischen Mitarbeiter Robert Hening zugeschrieben. Dasselbe gilt für die Siedlungsbauten des Büros Anfang der dreißiger Jahre, insbesondere das Projekt Chrystie-Forsyth, bei dem Howe fraglos keine Rolle spielte.

Während seiner Entwurfsarbeit für die Oak-Lane-Country-Tagesschule (1929) entwickelte sich eine Freundschaft zwischen Lescaze und William Curry, dem fortschrittlichen Schulleiter. Als Curry 1931 zum Leiter der Foxhole Junior School in Dartington ernannt wurde, bat er Lescaze, für ihn ein Wohnhaus zu entwerfen, das noch im selben Jahr gebaut wurde und den Namen High Cross erhielt (1930–1932). Lescaze ging zu einer Zeit nach England, als die neue, von Henry-Russell Hitchcock in seiner Ausstellung «Modern Architecture in England» 1937 gewürdigte Architektur ihren höchsten Ausdruck erreicht hatte. Hitchcock bemerkte, daß der Begriff «International Style» besonders gut auf die englische Szene paßte.[1] Wesentlichen Anteil hieran hatte der gastfreundliche Empfang, der den europäischen Architekten seitens ihrer britischen Bewunderer zuteil wurde. Zu den bedeutenden Einwanderern zählten der Russe Berthold Lubetkin und die Deutschen Gropius, Breuer und Mendelsohn, die damals gerade in England eingetroffen waren und mit der Avantgarde zugetanen englischen Architekten wie E. Maxwell Fry und F. R. S. Yorke arbeiteten. Ein weiterer damals praktizierender englischer Avantgarde-Architekt war Wells Coates, dessen Arbeit direkte Parallelen zu der Lescazes aufweist. Lescaze war insofern ein Sonderfall innerhalb dieser Szene, als er sozusagen gegen den Strom reiste, der in erster Linie von Ost nach West floß, und selbst keinem politischen Verdrängungsdruck folgte.

High Cross war eines der ersten Gebäude in England, die im neuen Stil erbaut wurden. Die Baumasse stellte eine Kombination aus einer schematischen Organisation und der eher pittoresken Agglomerationsweise englischer Landhäuser dar. Die Nordseite des Hauses Curry war eine blau gestrichene Scheibe, deren beide Eingänge Anklänge an Le Corbusiers Villa in Garches weckten. Die weiß gestrichene Südseite des Hauses offenbarte seine ihm zugrundeliegende T-Form, die in den jeweiligen T-Winkeln durch sekundäre Räume ergänzt wurde. Die offene Ecke ist zwar markant, erscheint aber nicht gänzlich gelöst. Der Kontrast zwischen der Vorder- und der Rückseite verwies auf die Beziehung des Hauses zur Umgebung, doch die Mehrdeutigkeit der Baumasse veranlaßte Hitchcock zu dem Kommentar, Lescaze habe sich die räumlichen Prinzipien des Internationalen Stils möglicherweise nicht in vollem Umfang zu eigen gemacht. Besondere Aufmerksamkeit wurde dem Innenraum gewidmet, der mit Metalleinfassungen und auf Hochglanz polierten Furnieren elegant gestaltet wurde. Die Mehrzahl der Möbel wurde speziell für das Haus entworfen; weitere Möbel wurden der Arbeit der kontinentaleuropäischen Avantgarde entnommen.

Das Haus Curry beeindruckte den Treuhänderausschuß von Dartington Hall. Daraus ergab sich eine Reihe von Aufträgen für Projekte, darunter ein Turnhallenanbau, drei kombinierte Blöcke mit Klassenzimmern und Internatsräumen, Büros für die Verwaltung der Siedlung, ein Haus für den deutschen Choreographen Kurt Jooss, Personalbungalows und schließlich ein erfolgloses spekulatives Projekt für ein Ferienhotel mit Meeresblick unweit der Schule.

Lescazes Arbeit in Dartington Hall wurde durch seine Bewunderung für das Dessauer Bauhaus beeinflußt. Die scharf umrissenen rechtwinkligen Räume der drei für die Unterstufe entworfenen Gebäude – «Blacklers», «Orchards» und «Chimmels» – ähneln den verputzten Konstruktionen der von Gropius erbauten Wohngebäude für die Dessauer Dozenten. Der erste Plan für die Schule war das Projekt für die fortschrittliche Junior School (1931), das unübersehbare Anklänge an den Bauhausentwurf für das Haus am Horn bot, dessen Blöcke durch überdachte Verkehrseinheiten verbunden wurden. Es wies auf den Plan voraus, den Gropius und Breuer später im Graduate Center von Harvard entwickelten. Lescazes erstes Projekt für die Siedlungsverwaltung wies einen dreischenkligen hakenkreuzförmigen Grundriß mit zweigeschossigen Verbindungseinheiten auf. Die Bezugnahme auf das Bauhaus ist hier unübersehbar. Doch im Projekt für die Junior School sind auch Spuren der konstruktivistischen MoMA-Vorschläge Lescazes zu erkennen.

An der Churston-Housing-Siedlung (1932–1936) läßt sich beispielhaft der öffentliche Widerwille gegen die soziale Vision der neuen Architektur in Großbritannien verfolgen, der sich bei ihrem Eintritt in die Marktwirtschaft formierte. Die Treuhänder von Dartington planten die Churston-Erschließung für ein spektakuläres Grundstück am Meer, nur wenige Kilometer von der Schule entfernt. Lescaze entwarf über einhundert Wohnhäuser, die sowohl freistehend als auch als Zeilenbauten angeordnet waren. Der amerikanische Planer Henry Wright hatte die Gesamtanlage so geplant, daß jedes Haus einen optimalen Meeresblick erhielt. Doch die Sackgassen und gemeinschaftlichen Grünanlagen, die für die von Clarence Stein und Wright in Amerika entwickelte Gemeindeplanung typisch waren, fanden wenig Zuspruch bei den pensionierten Beamten und Militärangehörigen, die in erster Linie als Hauskäufer vorgesehen waren. Noch weniger konnte sich die Öffentlichkeit für die Flachdachbauweise erwärmen, die als irgendwie unenglisch empfunden wurde und die Aspekte des Existenzminimums zu betonen schien.

Auch ein Ferienhotel am Meer und ein «Country Club», die teilweise von der Eisenbahngesellschaft finanziert werden sollten, sollten auf dem Grundstück Platz finden. Lescazes vorstudie zeigt einen gewinkelten Hauptteil, der Ähnlichkeit mit der Hessian-Hills-Schule aufwies und über eine gekrümmte Rampe zu einem Schwimmbecken am Strand führte. Doch angesichts der trüben Aussichten für die Churston-Siedlung zog die Eisenbahngesellschaft ihre Unterstützung zurück. Die Unternehmung in Churs-ton wurde nach Fertigstellung nur weniger Bauten aufgegeben.

In den Vereinigten Staaten beteiligten sich Lescaze und seine Mitarbeiter an Projekten für Sozialwohnungen. Deren wichtigstes war der Vorschlag von 1931–1933 für ein langgezogenes Grundstück in Manhattan von einem Häuserblock Weite und sieben Häuserblocks Länge, das sich von der Houston Street zur Manhattan-Brücke erstreckte und von der Chrystie- und der Forsyth-Street begrenzt wurde. Das Projekt Chrystie-Forsyth wurde in dem Teil der MoMA-Ausstellung, der sich mit dem Büro Howe und Lescaze befaßte, besonders hervorgehoben. Ihr Engagement, oder genauer gesagt dasjenige von Lescaze, für die sozialen Anliegen der Moderne wurde an dem Projekt augenscheinlich. In *The International Style* verteidigten Howe und Lescaze besonders die Vorstellung des Stils als kunsthistorische Kategorie, bei der die Baukunst im Wortsinn als künstlerische Praxis aufgefaßt wurde. Das Projekt Chrystie-Forsyth stellte diese Auffassung jedoch in Frage und veranlaßte Hitchcock zu schreiben, daß «bei einer Arbeit dieses Typs die ernsten Probleme der modernen Architektur so sehr ineinander verwoben sind, daß es völlig unmöglich ist, eines davon herauszugreifen und zu betonen. Finanzierung, Planung, Konstruktion und ästhetische Gestaltung sind voneinander abhängig.»[2]

Das Projekt Chrystie-Forsyth umfaßte vierundzwanzig L-förmige, neunstöckige Gebäude, die durch Pilotis ungefähr vier Meter über das Straßenniveau angehoben wurden. Diese Segmente trafen entlang der Länge des Grundstücks von abwechselnden Seiten her aufeinander. In den Zwischenräumen befanden sich dreiseitige Innenhöfe. Die querenden Straßen wurden mit Ausnahme der Delancey Street überbrückt. Am nördlichen Ende endete die Gebäudereihe vor dem Grundstück einer geplanten Schule. Nach Süden hin erstreckte sie sich bis zum Aufgang der Manhattan Bridge. Der Zugang zu den Wohnungen wurde durch außenliegende Galerien hergestellt, die sich über die gesamte Breite der Gebäude hinzogen. An der inneren Ecke der L-Form befand sich ein Aufzug, Treppenhäuser waren an den beiden Enden angebracht. Der Großteil der Freiflächen und ein Gutteil der Dachflächen sollte Freizeitbeschäftigungen vorbehalten sein. Entlang der kreuzenden Straßen waren Läden vorgesehen. Die Wohneinheiten erstreckten sich über die gesamte Breite der Scheiben. An die Zugangsgalerien grenzten Küchen und Bäder an, denen gegenüber sich Schlaf- und Wohnräume befanden.

Das River-Gardens-Projekt (1931–1932) für einen großen Teil der Lower East Side zu beiden Seiten der Delancey Street wurde nahezu gleichzeitig mit dem Entwurf für Chrystie-Forsyth erarbeitet. Lescaze und seine Mitarbeiter arbeiteten mit der progressiven Städteplanerin Carol Aronovici zusammen. Die Ausdehnung des Grundstücks ermöglichte es ihnen, ein alternatives städtebauliches Gewebe zu entwickeln, das aus kreuzförmigen zweiunddreißigstöckigen Türmen und kreuzförmigen zehnstöckigen Gebäuden bestand, die außerdem paarweise miteinander verbunden wurden, um mittelhohe Blocks zu schaffen.

Obwohl keines der beiden Projekte verwirklicht wurde, begründeten sie doch Lescazes Ruf auf dem Gebiet des Wohnungsbaus und brachten ihm später Aufträge sowie Verwaltungsposten in der Wohnungsbehörde von New York ein.

Die ersten Aufträge, die Lescaze nach Beendigung der Partnerschaft übernahm, waren ein Atelierhaus mit Garage für Roy Spreter (1933–1934), das Hausprojekt für Dr. G.W. Hart-man (1933) und Lescazes eigenes Stadthaus in der East Forty-Eighth Street Nr. 211 (1933–1934). Das Atelierhaus Spreter stellt wohl den Höhepunkt von Le Corbusiers Einfluß auf Lescaze dar. Eine Skizze vom 2. August 1933 sowie spätere Zeichnungen das Hauses Hartman erinnern stark an die «Wohnmaschinen», die für den Stadtrand von Paris entworfen wurden. Das gebaute Atelierhaus Spreter hat in bezug auf seine Proportionen und Oberflächen sehr viel mit Le Corbusiers Studio Ozenfant gemein. Anders als die meisten Projekte Lescazes, bei denen eine Ecke auf einer einzelnen mit Beton gefüllten Rohrstütze ruhte, stützte sich der überwiegende Teil dieses Atelierhauses auf Pilotis. Der weiß gehaltene umbaute Raum des Atelierhauses bildete einen bewußten Kontrast zur rustizierten Frontmauer; Lescaze spielte hier vielleicht bewußt auf Le Corbusiers Haus Mandrot von 1931 an. Ob diese Bezugnahme nun tatsächlich stattfand oder nicht, festzuhalten bleibt: hier findet sich erstmals ein Anzeichen für die beginnende Domestizierung der neuen Architektur, die die «Avantgarde-ästhetik mit den Bildern und Werten versöhne, die traditionell mit Haus und Heim verbunden werden».[3]

Das Stadthaus, das Lescaze für sich selbst und seine Frau Mary Connick Hughes entwarf, war andererseits das erste in New York erbaute Wohnhaus im voll erblühten modernen Stil. Gemeinsam mit den Häusern Kramer und Norman, die Lescaze später entwarf, gilt es heute als außergewöhnliche Neuinterpretation des typischen New Yorker Stadthauses mit den Mitteln des Internationalen Stils. Nach seiner Fertigstellung 1934 wurde es von der zeitgenössischen Fachpresse als «Haus eines kompromißlosen Modernisten» bezeichnet.[4] Trotz der ungewöhnlich schmalen Front, die gerade fünf Meter breit war, gelang es Lescaze, das Haus so zu entwerfen, daß sowohl der Wohnbereich als auch das Architektenbüro jeweils einen separaten Eingang haben. Mehr noch als seine programmatischen oder technischen Neuerungen zeichnen das Haus seine formalen Qualitäten aus. Denn es paßt sich nicht der Straßenflucht der angrenzenden Gebäude an, sondern ist ungefähr einen Meter weit nach vorne, bis hin zur Grundstücksgrenze, gesetzt. Dadurch etabliert es sich als ein eigenständiger Raum. Die Gliederung der Fassade, die ursprünglich weiß verputzt war, später jedoch zwecks einfacherer Instandhaltung dunkelgrau angestrichen wurde, erinnert an corbusianische Prototypen wie das Haus Cook, bei dem die planare Fassade sich über dem plastischen Treppenkörper auf Pilotis stützt. Der obere Teil des Stadthauses Lescaze ist nahezu vollständig mit Glasbausteinen ausgefüllt. Le Corbusier und Pierre Chareau hatten dieses Material bereits in den Wohnungen an der Porte Molitor bzw. in der Maison de Verre eingesetzt, doch in den Vereinigten Staaten war es bis dahin kaum bekannt. Diese Oberfläche aus Glasbausteinen wird von zwei symmetrisch im zweiten Obergeschoß angeordneten Flügelfenstern, zwei nach Art eines typischen Chicago-Fensters angebrachten Verstärkungsstäben und einer Platte im vierten Obergeschoß durchbrochen. Darunter verläuft eine asymmetrisch plazierte Treppe, die typisch für New Yorker Brownstone-Häuser ist, unter einem typischen Lescaze-Vordach und an einer Rohrstütze vorbei. Sie passiert den gerundeten Raum der Küche mit ihrem hochgelegenen Fensterband und erreicht die in einer Flucht mit den angrenzenden Häusern liegende Vordertür. Die vorstehende Stütze, die die Linie der Brandmauer fortsetzt, läßt die Struktur des Hauses anders als die seiner Nachbarn erscheinen, obwohl es die tragenden Wände mit ihnen gemeinsam hat. Wenn man ein paar Stufen hinabsteigt, gelangt man zum Ateliereingang, dessen Vorderfront aus massiven Glasbausteinen besteht. Das Atelier erstreckt sich über die Tiefe des Hauses und der Nachbarhäuser hinaus nach hinten, wo seine Decke als Boden der hinter dem Eßzimmer gelegenen abgetreppten Terrasse fungiert. Vom Atelier aus erreicht man auch die einen Stock höher gelegene Bibliothek. Durch die in die Terrasse eingesetzten Glasbausteine flutete ursprünglich das Tageslicht in den darunterliegenden Zeichenraum, der auch durch die rückwärtigen Fenster erhellt wurde.

Im Wohnbereich des Hauses verteilte Lescaze die Wohnfunktionen in erster Linie nach Maßgabe der gewünschten Abschirmung gegen Einblicke von der Straßenseite. Die Küche und das Gästezimmer wurden nach vorne gesetzt, wohingegen das Eßzimmer bis an die erhöhte Terrasse an der Rückseite heranreichte. Das Hauptschlafzimmer darüber, dessen Fensterband zur größtmöglichen Ausnutzung des Morgenlichtes herausgeschwenkt war, befand sich ebenfalls im rückwärtigen Teil. Das ungewöhnlich angeordnete Wohnzimmer im obersten Geschoß empfing das Tageslicht durch ein riesiges kreisrundes Oberlicht und erstreckte sich über die gesamte Tiefe des Hauses. Die Vorderfront aus «vakuumgefüllten» Glasbausteinen wurde dank dem klassischen Photo, das Lescaze als einen «homme-type» mit Pfeife und illustriertem Magazin zeigt, zum Inbegriff seines Stils.

Trotz der etwas ungewöhnlichen Verteilung der Familienfunktionen ermöglichte die räumliche Nähe von Haus und Atelier es Lescaze, abends oder an Wochenenden an den Zeichentisch zurückzukehren. Mit Ausnahme von zwei Aalto-Stühlen und dem Klavier waren alle Möbel von Lescaze selbst entworfen. Ihre hochglanzpolierten Oberflächen machten sie pflegeleicht. Dies trug zusammen mit der Klimaanlage und einer vollständigen Kontrolle von Temperatur, Luftfeuchtigkeit, Staub und Lärm dazu bei, aus dem Stadthaus eine höchst pragmatische «Wohnmaschine» zu machen.

Nach der Fertigstellung des Stadthauses 1934 stellte das Metropolitan Museum of Art in New York in seiner Ausstellung «The Contemporary Industrial Art Show» ein Interieur Lescazes aus, das sich stark an die Kaufhaus-Ausstellungsräume der dreißiger Jahre anlehnte. Es gab auch Versuche, einige von Lescazes Haushaltaccessoires, wie Salz- und Pfefferstreuer, in Großserien zu produzieren. Doch die erfolgreichste Verbindung von Lescazes technischen und gestalterischen Interessen fand bei seiner Arbeit für das

Columbia Broadcasting System statt. Anders als der Großteil der Wirtschaft während der Depression baute die Rundfunk- und Unterhaltungsindustrie hochgradig kommerzielle Unternehmungen auf, bei denen die kommunikative Funktion der Gestaltung und die Bedeutung des Aufbaus einer Firmenidentität (corporate identity) von vornherein ernst genommen wurden. Lescaze berücksichtigte diese Anforderungen. Auch die neuartigen akustischen Probleme, die bei der Konstruktion von Studios und Konzertsälen für Rundfunkanstalten auftraten, fanden seine besondere Aufmerksamkeit. Die gestalterischen Aktivitäten von Lescaze für CBS von Mitte der dreißiger bis in die vierziger Jahre hinein umfaßten ein sehr breites Spektrum: von Innenraum-Renovierungen über graphische Beratung, Entwurf von Mikrophonen und Reportagemobilen bis hin zu großen Gebäudekomplexen. Der wichtigste dieser Aufträge war der Bau des Komplexes für die Rundfunkanstalt Station KNX in Hollywood in den Jahren 1936 bis 1938. Dieses Gebäude umschloß einen dreiseitigen Hof auf einem Grundstück unweit vom Hollywood Boulevard. Eine Hofseite wurde von einer fünfgeschossigen, auf Pilotis gesetzten Büroscheibe aus Stahlbeton mit Fensterbändern an zwei Seiten begrenzt, die ein vorstehendes schräges, gerundetes Schild mit den Initialen des Senders trug. Eine geschwungene Auffahrt führte auf den Hof und zum Haupteingang des Theaters auf dem hinteren Teil des Grundstücks. Ein niedriger zweigeschossiger Bau entlang der dritten Hofseite beherbergte Verwaltungsbüros, Künstleragenturen, Läden und ein Restaurant. Auf der anderen Seite der Büroscheibe waren in einem weiteren niedrigen Bau Studios untergebracht. Diese Komposition als Ganzes stellte die erfolgreiche Lösung eines komplexen Programms dar, das eine Trennung des öffentlichen Verkehrs von den betrieblichen Gängen verlangte. Im öffentlichen Bereich, der aus dem Hof herausführte, signalisierten Informationsstände und ein Regie-raum mit gläsernen Wänden dem Besucher, daß er sich in einem Rundfunksender befand. Das Restaurant, das große Theater und der Zugang zu den Studios waren alle um den Hof herum gruppiert. Für die akustischen Belange und die erdbebenfeste Bauweise mußte Lescaze besonders viel Arbeit aufwenden.

Bei der Konstruktion der Wohnbauten setzte Lescaze seine Abwendung von den reinweißen umbauten Räumen des Internationalen Stils fort. Das Haus Alfred Loomis in Tuxedo Park in New York (1936–1937) ist eines der interessantesten späten Wohnhäuser Lescazes, sowohl im Hinblick auf seine Technik als auf seinen formalen Aufbau. Alfred Loomis war Anwalt und Erfinder, der eine Sonnenmaschine zur Bestimmung der Sonnenwinkel nach den topographischen Gegebenheiten und der Jahreszeit entwickelt hatte. Er beauftragte Lescaze mit dem Bau eines Hauses, in dem die jüngsten Neuerungen der Klimatisierung erprobt werden sollten. Das Haus Loomis ist ein eingeschossiger, rechtwinkliger umbauter Raum von beinahe Miesschem Zuschnitt. Am auffälligsten ist, daß es ein Haus im Haus ist. Entlang der Außenwand sorgt eine ca. 60 Zentimeter breite Passage für Schall- und Wärmeisolation. Das Innere des Hauses wird von einer im zentralen Kern untergebrachten Anlage erwärmt und gekühlt. Der mit der Garage verbundene Pufferraum wird von einer eigenen Heizeinheit erwärmt. Die Doppelverglasung im ganzen Haus verhindert Kondenswasserbildung, wenn das Haus gekühlt wird. Der eigentliche umbaute Raum des Hauses ist ein prismatischer Block, doch steht an einer Ecke ein metallenes Vordach vor, und auf der Rückseite erstreckt sich entlang der gesamten Länge eine verstellbare Markise. In vieler Hinsicht realisiert das Haus Loomis das Programm des «amerikanischen Zukunftshauses für 1938». Auch wenn einige der besonders futuristischen Aspekte des vorangegangenen Projektes fehlen, so findet doch im Haus Loomis eine inspirierte Übertragung von technischen Möglichkeiten auf den Wohnungsbau statt. Seine Formen unterscheiden es deutlich von der Mehrzahl von Lescazes anderen Häusern. Innerhalb des klar definierten Blocks findet wie sonst auch ein Wechselspiel von gerundeten und rechtwinkligen Formen statt, doch diesesmal geschieht dies viel durchdachter als sonst und dient der Definition verschiedener Nutzungszonen. Ein verglaster Bereich, der sich unmittelbar zur Rückseite öffnet, trennt das Haus in zwei Teile und dient gleichzeitig als Flur, Veranda und Gewächshaus.

Bei der Fabrikverwaltung für die Kimble Glass Company in Vineland, New Jersey, verwendete Lescaze 1936 wieder Glasbausteine entlang den Außenseiten des mit verputzten Ziegeln und Kalkstein verkleideten Baus. Der Grundriß des Komplexes war untypisch für Lescaze: Er bestand aus einem großen, offenen Hauptbüro, das als befestigter Hof fungiert, der von Nebenbüros und Betriebsbereichen umringt wird. Die halbrunde Ausbuchtung an einer Ecke, die das mit einem einzelnen Flügelfenster versehene Büro des Generaldirektors enthielt, gab einem ansonsten klassizistischen Grundriß einen neocorbusianischen Touch. Von der danebenliegenden Ecke ging ein weiterer Trakt aus. Zusätzlich aktiviert wurde der Grundriß durch ein schräg versetztes Foyer. Lescazes Vorschlag für den Pavillon der Libby-Owens-Ford Glass Company für die New Yorker Weltausstellung von 1939 unterstreicht das dauerhafte Interesse von Lescaze an der strukturellen Verwendung von Glas. Das spektakuläre Modell (1937) zeigt einen einzelnen Abschnitt aus ¼" dickem Flachglas, der als freistehendes

Element diente. Diese kühne Geste war nicht für die Ausführung gedacht und hätte wahrscheinlich bei der Übertragung einiges von ihrem Schwung verloren.

Die Techniken des Industriedesigns wurden auf die Bauten der Weltausstellung von 1939 in New York en masse angewendet. Das wird schon daran deutlich, daß die Mehrzahl der Pavillons von Designern und nicht Architekten entworfen wurde. Ihre Phantasie reichte von Trylon und Perisphere (eine Interpretation von Leonidovs Lenin-Institut von 1927, die aber ihrer revolutionären Ideologie entkleidet und zu einer eher süßlichen Konjunktion reiner Form universalisiert wurde, die sich sowohl für Souvenirfeuerzeuge als auch für Salz- und Pfefferstreuer verwenden ließ) bis hin zur aggressiv kommerziellen, auf die Pop Art vorausdeutenden Bildsprache von Walter Dorwin Teagues National Cash Register Pavilion, einer riesigen Registrierkasse, die für jeden Besucher einen Penny aufaddierte.

Der Luftfahrtpavillon Lescazes auf der Ausstellung wurde allgemein als eines der interessanteren Gebäude gewürdigt. Er reihte sich aber in die auf der Ausstellung vorherrschende «Paket»-Tendenz ein. Lescaze und sein Mitarbeiter J. Gordon Carr nutzten hergebrachte Bautechnik, um das Fliegen anschaulich zu machen: Flugzeug, Windkanal, Flughafen und Hangar. Der Luftfahrtpavillon bestand aus drei Teilen – einem Hangar mit kegeliger Kontur, dessen stählerne Bögen eine Außenhaut aus aluminiumverkleideten Asbestplatten trugen, einem halbrunden segeltuchbezogenen und blau gestrichenen Diorama sowie einem segeltuchbezogenen Bug. Im Inneren waren Flugzeuge an der Decke aufgehängt und am Boden geparkt; auch außerhalb des Pavillons standen Flugzeuge.

Lescazes Schweizer Pavillon, den er gemeinsam mit John R. Weber entwarf, versuchte ähnlich wie die skandinavischen Pavillons von Alvar Aalto und Gunnar Asplund eine Humanisierung der modernen Architektur vorzuführen. Lescaze legte hierfür einen unregelmäßig geschnittenen Hofgarten an, der als Freiluftrestaurant diente, und weckte durch die Durchdringung innerer und äußerer Räume Assoziationen zu Landschaften. Der Schweizer Pavillon bestand in Wirklichkeit aus zwei durch eine Brücke verbundenen Gebäuden, in denen der Besucher einen durch die Ausstellung von Photos, Graphiken und charakteristischen Erzeugnissen führenden Weg vorfand. Die räumliche Komplexität des Schweizer Pavillons und die ungewöhnliche Gegenüberstellung von Formen im Luftfahrtgebäude hoben Lescazes Arbeit von einem Großteil der allgemeinen Geschmacklosigkeit der Ausstellung ab.

Die Kommerzialisierung der modernen Architektur auf der Weltausstellung von 1939 bedeutete eine Entwertung der Hinterlassenschaft des Internationalen Stils. 1893 hatte Louis Sullivan die Beaux-Arts-Konfektionsware der Columbian Exhibition für den Niedergang der Chicago-Schule verantwortlich gemacht. Auch ohne Sullivans dramatische Übertreibung läßt sich sagen, daß die 1939 vollzogene Identifikation der modernen Architektur mit moderner Gestaltung und Warenvermarktung die Moderne korrumpiert und so den Weg für den nach dem Krieg entwickelten zweiten Internationalen Stil bereitet hat. Dieser zweite Stil hat dann in der ganzen Welt die amerikanische Wirtschaft und Regierung verkörpert und nach dem Krieg als Vehikel ihrer Hegemonie gedient.

Lescazes Arbeit nach dem Kriege hatte unter diesen Veränderungen zu leiden. Obwohl er versuchte, seinem Schaffen aus den dreißiger Jahren treu zu bleiben, erlangte es nie wieder die in jenem Jahrzehnt demonstrierte Vitalität.

Anmerkungen
1. Henry-Russell Hitchcock (Hg.), *Modern Architecture in England* (New York: Museum of Modern Art, 1937), S. 30.
2. Henry-Russell Hitchcock et al., *Modern Architecture: International Exhibition* (New York: Museum of Modern Art, 1932), S. 146.
3. William H. Jordy, *American Buildings and Their Architects,* Bd. 4 (Garden City: Doubleday, 1976), S. 167.
4. *Arts and Decoration,* Bd. 51, Nr. 6 (April 1940).

Eine fortschrittliche Mittelschule
Dartington Hall, Devon, England, 1931

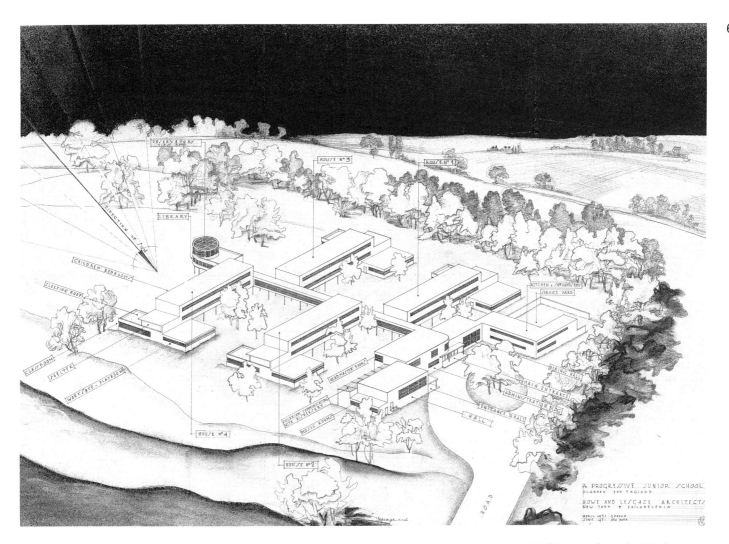

1 Projekt für eine fortschrittliche Mittelschule, Dartington Hall, Devon, England, April–Juni 1931. Howe und Lescaze (Entwurf Lescaze). Axonometrie des Vorschlags.

Haus William Curry (High Cross)
Dartington Hall, Devon,
England, 1930–1932

1

2

1 Haus Curry (High Cross), Dartington Hall, Devon, England, 1930–1932. Howe und Lescaze (Entwurf: Lescaze gemeinsam mit Robert Hening). Südansicht.

2 Haus Curry. *Perspektivische Zeichnung.*

3 Haus Curry. *Eßzimmer.*

4 Haus Curry. *Arbeitszimmer.*

5

3

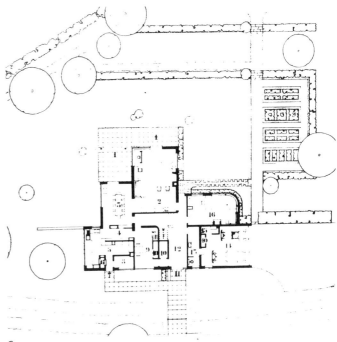

6

4

5 Haus Curry. *Grundriß des ersten Obergeschosses.*
Schlüssel: (20) Sonnenterrasse, (21) Hauptschlafzimmer, (22) Hauptbadezimmer, (23) Schreibzimmer, (24) Garderobe, (25) Schlafzimmer der Tochter, (26) Badezimmer der Tochter, (27) Terrasse, (28) Gästezimmer, (29) Gästebad, (30) Dach über dem Eingang, (31) Wäschekammer, (32) Wandschrank für Dienstmädchen, (33) Schlafzimmer für Dienstmädchen, (34) Badezimmer für Dienstmädchen.

6 Haus Curry. *Grundriß des Erdgeschosses.*
Schlüssel: (1) Terrasse, (2) Wohnraum, (3) Eßzimmer, (4) Anrichte, (5) Küche, (6) Speisekammer, (7) Bediensteteneingang, (8) Waschküche, (9) Bedienstetenflur, (10) Wandschrank, (11) Haupteingang, (12) Eingangsflur, (13) Mäntelkammer, (14) Garage, (15) Boiler, (16) Arbeitszimmer.

Dartington-Hall-Gebäude
Devon, England, 1931–1935

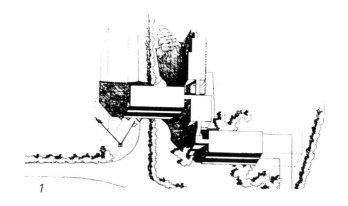

1 Dartington Hall. Plan 1 für Verwaltungsbüros, März 1932. William Lescaze gemeinsam mit Robert Hening.

2 Dartington Hall. Verwaltungsbüros, 1932–1935. William Lescaze gemeinsam mit Robert Hening.

3 Dartington Hall. Parkplätze der Siedlungsverwaltung.

4 Dartington Hall. Lageplan für drei Internatshäuser (Blacklers, Chimmels, Orchards), 1933–1935. William Lescaze gemeinsam mit Robert Hening.

5 Dartington Hall. Internatshaus Blacklers, 1933.

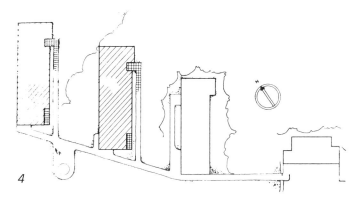

4

5

6 Dartington Hall. Turnhalle, 1933–1934. William Lescaze gemeinsam mit Robert Hening.

7 Dartington Hall. Haus Kurt Jooss, 1934–1935. William Lescaze gemeinsam mit Robert Hening. Dieses Haus, das von der Grösse mit dem Haus Curry vergleichbar ist und an der Warren Lane in Dartington liegt, wurde für den deutschen Ballettänzer und Choreographen Kurt Jooss gebaut, der nach seiner Ausreise aus dem nationalsozialistischen Deutschland 1933 in Dartington eine Lehrtätigkeit aufnahm. Offenbar hat der britische Architekt Robert Hening vom Architektenbüro Hening und Chitty die erste Grundidee für Jooss entwickelt, die später von Lescaze und seinem Assistenten George Daub abgeändert wurde.

8 Dartington Hall. Personalbungalows, 1934–1938. William Lescaze gemeinsam mit Robert Hening. Südwestliche Ansicht des aus drei Bungalows bestehenden Blocks, vom kleineren Block aus gesehen.

9 Dartington Hall. Lageplan der Personalbungalows.

6

7

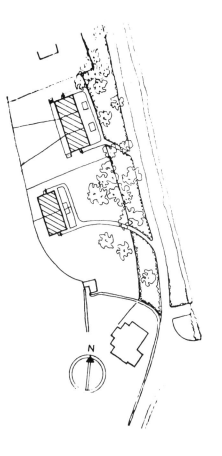

8

9

Wohnsiedlung Churston
Churston, England, 1932–1936

1 Wohnsiedlung Churston, *Devon, England, 1932–1936. William Lescaze. Haustyp K.*

2 Churston-Siedlung. *Vogelperspektive, 1935. William Lescaze gemeinsam mit Henry Wright.*

3 Churston-Siedlung. *Erste Gruppe aus sechs Häusern, vom Meer aus gesehen.*

4 Churston-Siedlung. *Vorgeschlagene Terrassensiedlung.*

5 Churston-Siedlung. *Haustypen L und M.*

Die Churston-Siedlung *war für ein Gelände mit einer Ausdehnung von 81 Hektar konzipiert, das bei Churston, mehrere Kilometer von Dartington Hall entfernt, an das Meer angrenzte. Die Häuser sollten vornehmlich an Pensionäre aus der Mittelschicht verkauft werden. Die Häuser Lescazes waren in kleinen Häusergruppen angeordnet und in die Geländekontur eingebettet. Die Flachdächer ermöglichten den Bewohnern mehr und bessere Ausblicke auf das Meer, als es mit der traditionellen geneigten Dachkonstruktion möglich gewesen wäre. Unter dem feuchtkalten Meeresklima von South Devon litten allerdings die weißen Wände und die Metallfenster. Die Detailarbeiten für die Flachdächer waren besonders aufwendig und teuer. Trotz einer intensiven Werbekampagne wurde nur eines der zehn Häuser verkauft. 1936 gab Lescaze seinen Auftrag als Siedlungsarchitekt zurück. Sein Nachfolger wurde der ursprünglich für die Churston-Siedlung ausgewählte Architekt Louis de Soissons, der Häuser mit geneigten Dächern konstruierte.*

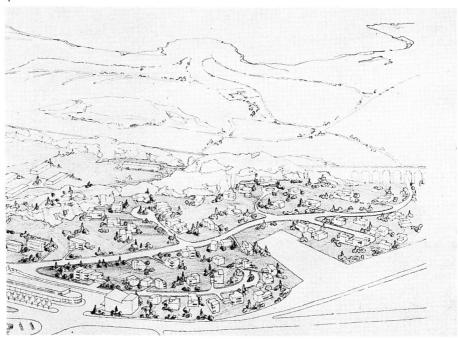

3

4

5

6 Churston-Siedlung. *Typische Feuerstelle im Wohnzimmer.*

7 Churston-Siedlung. *Einfamilienhaus.*

8 Churston-Siedlung. *Perspektive des vorgeschlagenen Clubs, 1935.*

Wohnsiedlung River Gardens, Projekt
New York, New York, Vereinigte Staaten, 1931–1932

1 Wohnsiedlung River Gardens. *New York, Vereinigte Staaten, 1931–1932. Howe und Lescaze. Photomontage der geplanten Bauten und der Umgebung.*

2 Projekt River Gardens. *Perspektive.*

Wohnsiedlung Chrystie/Forsyth-Straße
New York, New York, Vereinigte Staaten, 1931–1933

1 Wohnsiedlung Chrystie-Forsyth, New York, Vereinigte Staaten, 1931–1933. Howe und Lescaze (Entwurf: Lescaze gemeinsam mit Albert Frey). Photomontage des Projektes und der Umgebung.

2 Wohnsiedlung Chrystie-Forsyth. Typischer Geschoßgrundriß.

3 Wohnsiedlung Chrystie-Forsyth. Perspektive eines typischen Innenhofes mit Spielplatz.

4 Wohnsiedlung Chrystie-Forsyth. Perspektive.

Diese in großem Maßstab angelegte Sozialsiedlung war für die sieben Häuserblocks zwischen den Straßen Chrystie und Forsyth auf der Lower East Side von Manhattan geplant. Für das Baugelände mit einer Ausdehnung von 2,8 Quadratkilometern wurden vierundzwanzig neungeschossige Gebäude projektiert, die auf ca. 4 Meter hohen Pilotis standen. Fünf der sechs Querstraßen wurden durch jeweils ein Gebäude überbrückt. Für einen an die Anlage angrenzenden Block waren zwei Schulen, ein Gymnasium und ein Sportfeld vorgesehen. Der Plan erhielt viel Anerkennung, doch aufgrund einer geänderten Politik der Regierung wurde er nie verwirklicht.

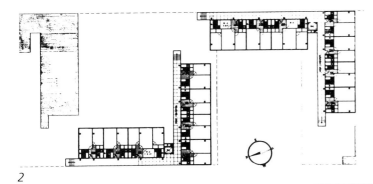

2

3

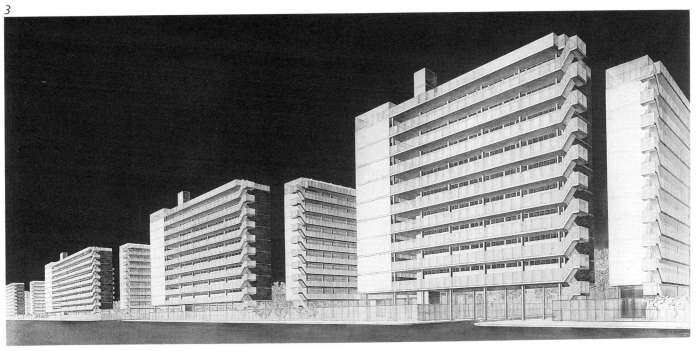

4

Atelierhaus und Garage Roy Spreter
Ardmore, Pennsylvania, Vereinigte Staaten, 1933–1934

1 Atelierhaus und Garage Roy Spreter, Ardmore, Pennsylvania, Vereinigte Staaten, 1933–1934. William Lescaze. Rückansicht.

2 Atelierhaus und Garage Roy Spreter. Vorstudie.

Haus Dr. G. W. Hartman
State College, Pennsylvania, Vereinigte Staaten, 1933

1

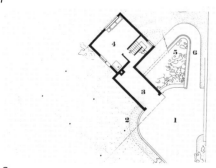 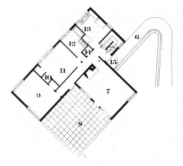 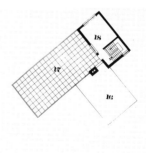

2 3 4

1 Hausprojekt für Dr. G. W. Hartman, State College, Pennsylvania, Vereinigte Staaten, 1933. William Lescaze. Perspektive.

2 Haus Hartman. Grundriß des Erdgeschosses.

3 Haus Hartman. Grundriß des ersten Obergeschosses.

4 Haus Hartman. Grundriß des zweiten Obergeschosses.

Stadthaus William Lescaze
New York, New York, Vereinigte Staaten, 1933–1934

1 Stadthaus William Lescaze, East 48th Street Nr. 211, New York, Vereinigte Staaten, 1933–1934. William Lescaze. Schnittbildaxonometrie.

2 Stadthaus Lescaze. Ansicht der vorderen Fassade bei Nacht.

3 Stadthaus Lescaze. Lescaze vor der Wand aus Glasbausteinen.

Das Stadthaus von William Lescaze hob sich von seinen Nachbarn aus braunem Sandstein durch die großzügige Verwendung von Glasbausteinen, blauen Türen, freistehenden betongefüllten Stahlstützen und einer weiß verputzten Backsteinfassade ab. Bis zu seinem Tod 1969 blieb es Lescazes Wohnhaus und Atelier. Mit Ausnahme von zwei von Alvar Aalto entworfenen Sperrholzstühlen stammte die gesamte Einrichtung von Lescaze. Die Wände des Eßzimmers erschienen je nach Lichteinfall in zwei verschiedenen Tönungen von Weiß und Grau. Die Vorhänge bestanden aus schwerem weißem Chenillestoff. Der Boden war mit hellgrauem Gummi ausgelegt. Um den Eßtisch aus Birnenholz gruppierten sich grau und weiß gepolsterte Stahlrohrstühle. Die Klimaanlage (damals fast noch ein Novum für Wohnhäuser) und die Leuchten waren aus Aluminium. Im Wohnzimmer waren die Wände hellgelb und weiß gestrichen. Die Vorhänge bestanden aus hellgelbem Chenillestoff, der Boden war mit brauner Auslegware bedeckt.

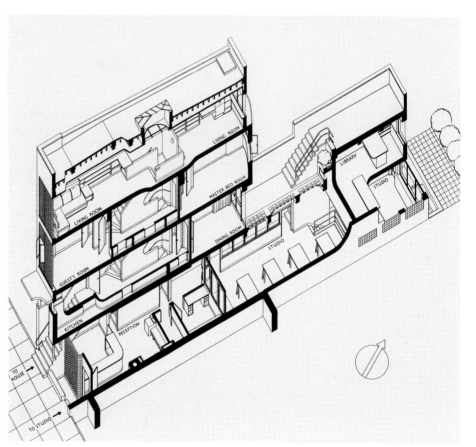

2

3

4

5

6

4 Stadthaus Lescaze. Rückansicht und Patio.

5 Stadthaus Lescaze. Vorderansicht.

6 Stadthaus Lescaze. Grundriß des oberen Erdgeschosses.

7 Stadthaus Lescaze. Wohnzimmer.

8 Stadthaus Lescaze. Detail der Rückansicht.

9 Stadthaus Lescaze. Treppenhaus im ersten Obergeschoß.

83

7

9

8

Bibliothek Charles Edwin Wilbour Memorial
Brooklyn Museum, Brooklyn, New York, Vereinigte Staaten
1933–1934

1 Charles Edwin Wilbour Memorial-Bibliothek, Brooklyn Museum, Brooklyn, New York, 1933–1934. Howe und Lescaze (Entwurf Lescaze). Lesesaal im Erdgeschoß.

2 Wilbour-Bibliothek. Lese-Nebenraum.

Diese kleine Bibliothek für Ägyptologie besteht aus zwei Ebenen. Alle Einrichtungsgegenstände wurden von Lescaze entworfen. Die Aufzugtür und die Rahmendetails sind rot, desgleichen die ledernen Bucheinbände. Entlang drei Seiten des doppelt hohen Raums verläuft eine Galerie. Stählerne Bücherregale, deren Rücken lapislazuliblau gestrichen sind, schirmen die Galerieebene von dem Hauptraum und den Leuchten ab, deren Lampenschirme aus Mattglas etwas über der Höhe der Galerien hingen. An einem Ende befindet sich vor dem raumhohen Atelierfenster ein zweiter metallener Fensterrahmen, der an den Regalen zu beiden Seiten befestigt ist und mit Milchglas verglast ist, um das hereinflutende Licht zu streuen.

1

2

Kindermuseum in Brooklyn
Brooklyn, New York, Vereinigte Staaten, 1934–1937

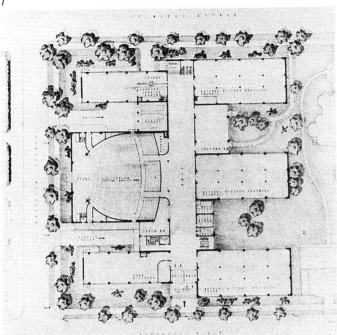

1 Projekt für ein Kindermuseum in Brooklyn, New York, 1934–1937. William Lescaze. Perspektive von Plan 2.

2 Kindermuseum Brooklyn. *Grundriß des Erdgeschosses.*

Dieses Gebäude, das im Süden an den Prospect Place, im Norden an die St. Mark's Avenue und im Westen an die Brooklyn Avenue angrenzte, sollte Galerien, einen Vortragssaal, Projekträume, Klassenzimmer, ein Eßzimmer, eine Küche, Verwaltungsbüros, eine Sonnenterrasse auf dem Dach für das «stille Lesen», Räume für Kunstunterricht, Theaterprobenräume und Freizeiträume beherbergen. Lescaze arbeitete drei Jahre lang an diesem Projekt und erstellte vier verschiedene Entwürfe. Die endgültige Version wurde schließlich wegen Geldmangels abgelehnt.

Ausstellung zeitgenössischer amerikanischer Industriekunst
Metropolitan Museum of Art,
New York, Vereinigte Staaten, 1934

1 *Ausstellung zeitgenössischer amerikanischer Industriekunst, Metropolitan Museum of Art, New York, Vereinigte Staaten, 1934. William Lescaze. Wohnzimmerinstallation.*

2 *Industriekunstausstellung. Wohnzimmerinstallation.*

An dieser Ausstellung nahmen über zweihundert amerikanische Designer, Architekten und Fabrikanten teil, darunter Prominente wie Donald Deskey, Gilbert Rohde, Walter Dorwin Teague und Raymond Loewy. Jeder Designer wurde gebeten, einen Raum oder eine Suite zu entwerfen und einzurichten. Lescazes Entwurf für den Wohnraum erschien weniger unübersichtlich als seine früheren Innenraumgestaltungen für Leopold Stokowski und für den Ausstellungsraum von Loeser's (S. 19, 21). Deutlich erkennbar ist hier seine Abwendung von der Art-déco-«Zickzack-Moderne» der späten zwanziger Jahre zugunsten der Ästhetik des Internationalen Stils der dreißiger Jahre.

1

2

Produktdesign

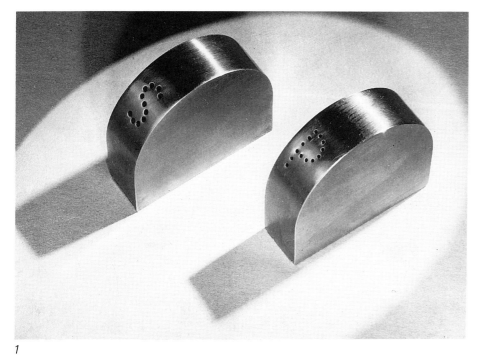

1

2

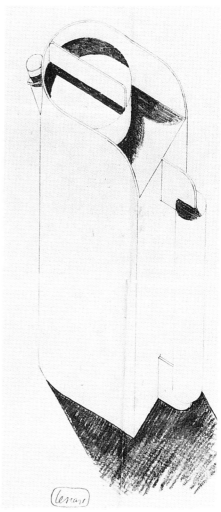

3

1 Salz- und Pfefferstreuer für Samuel Kootz, 1934–1935.

2 Schreibtischlampe, 1932. Zeichnung.

3 Cocktailshaker für Samuel Kootz, 1934. Axonometrie.

Ten-Eyck-Siedlung
Brooklyn, New York, Vereinigte Staaten, 1935–1938

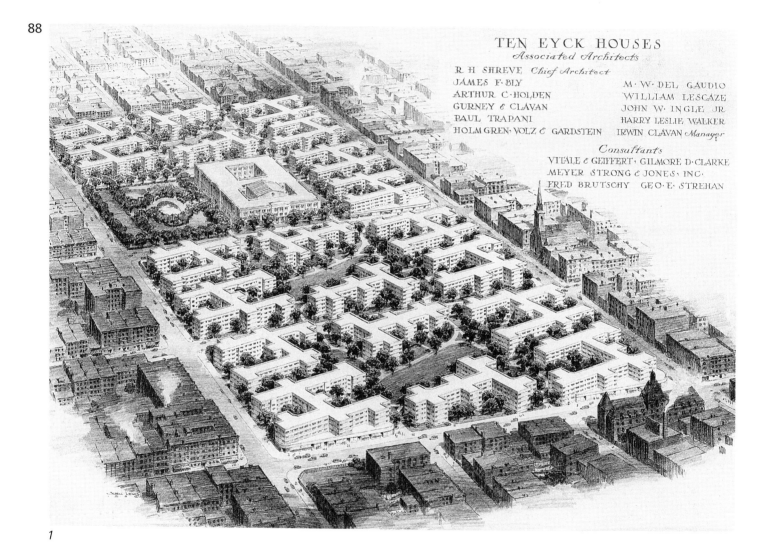

1

2

1 Ten-Eyck-Siedlung, *Brooklyn, New York, Vereinigte Staaten, 1935–1938. William Lescaze und assoziierte Architekten. Perspektive.*

2 Ten-Eyck-Siedlung. *Ansicht der Wohneinheiten.*

Stadthaus Raymond C. Kramer
New York, New York, Vereinigte Staaten, 1934–1935

90 *1 Stadthaus Raymond C. Kramer, East 74th Street Nr. 32, New York, Vereinigte Staaten, 1934–1935. William Lescaze. Vorderansicht.*

Erweiterung für das Unity House
Forest Park, Pennsylvania, Vereinigte Staaten, 1934–1936

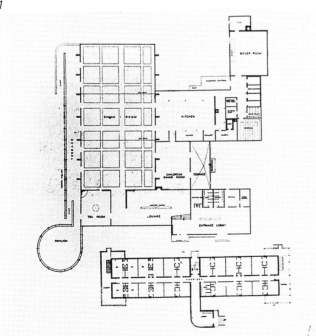

1 Unity House, Forest Park, Pennsylvania, Vereinigte Staaten, 1934–1936. William Lescaze. Hauptpavillon.

2 Unity House. Grundriß des Hauptpavillons und des Schlafhauses.

Aufgrund der zunehmenden Beliebtheit ihres Sommerlagers beauftragte die Gewerkschaft «International Ladies' Garment Workers Union» Lescaze, Pläne für Anbauten zur Unterbringung von eintausend Gästen zu erstellen. Er entwarf sechs Hütten mit Holzrahmen und hölzerner Verschalung, die terrassiert und auf Stelzen gesetzt wurden, und sechs gemauerte Schlafeinheiten (von denen nur eine gebaut wurde). Das Ferienlager befindet sich in den Pocono-Bergen auf einem bewaldeten Grundstück mit See von 300 Hektar Ausdehnung.

Haus Alfred Loomis
Tuxedo Park, New York, Vereinigte Staaten, 1936–1937

1 *Haus Alfred Loomis, Tuxedo Park, New York, Vereinigte Staaten, 1936–1937. William Lescaze. Die Südansicht zeigt die ausziehbare Markise der Terrasse.*

2 *Haus Loomis. Das auskragende Vordach in Südansicht.*

3 *Haus Loomis. Ansicht des zur Terrasse führenden verglasten Bereichs.*

Alfred Loomis gab dieses ziegelverkleidete Haus in Auftrag, um seine Ideen über Luftdruck und Klimatisierung zu erproben. Die im Abstand von ca. 60 cm parallel verlaufenden Außenwände und der doppelte Dachaufbau bildeten gemeinsam ein «Haus im Haus». Die holzverschalte innere Struktur und der isolierende Hohlraum wurden von einer separaten, im Haus untergebrachten Heizung gekühlt und erwärmt, die zur Dämpfung von Vibrationen auf einer speziellen Bodenplatte befestigt war. Zusätzlich zum Luftzwischenraum wurde auch noch Mineralwolle verwendet, um die inneren Wände und das Dach zu isolieren.

1

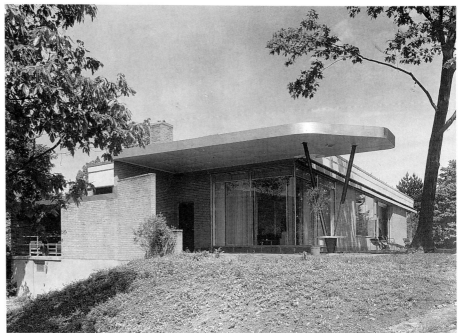
2

3

5

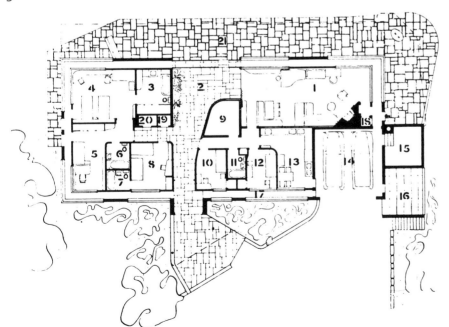

4

4 Haus Loomis. Grundriß. Schlüssel:
(1) Wohnzimmer, (2) verglaster
Bereich, (3) Bad, (4) Hauptschlafzimmer, (5) Ankleidezimmer,
(6) Bad, (7) Gästebad, (8) Gästezimmer, (9) Raum für Klimaanlage,
(10) Dienstmädchenschlafzimmer,
(11) Dienstmädchenbad, (12) Dienstmädchenschlafzimmer, (13) Küche,
(14) Garage, (15) Boilerraum,
(16) Veranda, (17) Luftzwischenraum,
(18) Brennholzlagerkammer,
(19) Mantelschrank, (20) Wäsche-
schrank, (21) Terrasse.

5 Haus Loomis. Badezimmer mit
Oberlicht.

Fabrik-Verwaltungsgebäude
Kimble Glass Company
Vineland, New Jersey, Vereinigte Staaten, 1936–1937

1 Fabrik-Verwaltungsgebäude, Kimble Glass Company, Vineland, New Jersey, Vereinigte Staaten, 1936–1937. William Lescaze. Südansicht.

2 Fabrik-Verwaltungsgebäude. Eingangstor.

3 Fabrik-Verwaltungsgebäude. Schnitt. Schlüssel: (1) Lobby, (2) Hauptbüro, (3) Lagerräume, (4) Flur.

1

4 Fabrik-Verwaltungsgebäude. Grundriß des ersten Obergeschosses. Schlüssel: (1) Vorführplattform, (2) Konferenzraum, (3) Dach, (4) Projektraum, (5) obere Ebene des Hauptbüros, (6) Küche, (7) Aufenthaltsraum.

5 Fabrik-Verwaltungsgebäude. Grundriß des Erdgeschosses. Schlüssel: (1) Hauptbüro, (2) Büros, (3) Aufenthaltsräume, (4) Vorraum/Lobby, (5) zukünftige Büros.

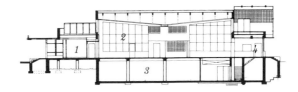

3

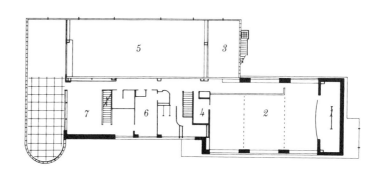

4

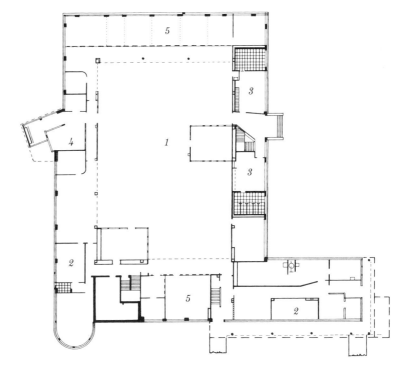

5

2

6 Fabrik-Verwaltungsgebäude. Ansicht von Südwesten.

7 Fabrik-Verwaltungsgebäude. Eingang.

8 Fabrik-Verwaltungsgebäude. Lobby.

Die Kimble Glass Company beauftragte Lescaze damit, ein Verwaltungsgebäude für die vorhandene Fabrik zu entwerfen, in der Flaschen und Behälter produziert wurden. Die Planung sah Räumlichkeiten für zahlreiche Büroangestellten, Büros für Manager und Räume für verschiedene betriebliche Funktionen vor. Lescaze entwarf einen Haupteingang, der durch eine Lobby direkt in den großen Bürobau führte. Der zentrale Atriumraum besteht aus einer doppelstöckigen Halle mit einer ca. 18 x 30 Meter großen Bürolandschaft, in die das Licht durch Oberfenster hineingelangt. Das Dach des Atriums wird von einem umgekehrten Hängewerk gehalten, um so die Belichtung durch das aus dem Oberfenster kommende Licht zu verbessern. Ein funktionaler Kern in der Mitte, der die Rohre der Klimaanlage enthält, betont die Vertikale. Die Außenwände der Eingangslobby, des Managementbereichs und des Vortragssaals sind mit Kalkstein verkleidet. Die übrigen Teile des Komplexes sind mit Ziegeln verkleidet.

6

97

7

8

Columbia Broadcasting System: Sender KNX
Hollywood, Kalifornien, Vereinigte Staaten, 1936–1938

1 Columbia Broadcasting System: Sender KNX, Hollywood, Kalifornien, Vereinigte Staaten, 1936–1938. William Lescaze gemeinsam mit Earl Heitschmidt Partner. Haupteingang.

2 CBS, Sender KNX. Vogelperspektive des Modells.

3 CBS, Sender KNX. Lobby außerhalb des Studios.

4 CBS, Sender KNX. Grundriß des ersten Obergeschosses. Schlüssel: (1) Dach, (2) Autogrammraum, (3) oberer Teil der Studios, (4) obere Ränge, (5) Musikbibliothek.

5 CBS, Sender KNX. Grundriß des Erdgeschosses. Schlüssel: (1) Studios, (2) Musikraum, (3) Regieraum, (4) Konzertsaal, (5) Bühne.

6 CBS, Sender KNX. Ansicht des Innenhofes.

1

2

3

6

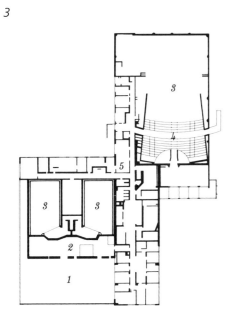

4

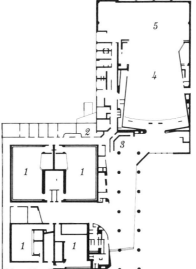

5

7 CBS-Mikrophon, 1936.

8 CBS-Mikrophon.

9 CBS-Mobileinheit, 1945.

Gebäude für Libby-Owens-Ford Glass
Weltausstellung 1939 in New York, 1938

1 Gebäude für Libby-Owens-Ford Glass, Weltausstellung 1939 in New York, 1938. William Lescaze. Modell.

Dieser für einen Flachglashersteller entworfene Ausstellungspavillon kam über das Projektstadium nicht hinaus; es bleiben nur Photographien des Modells.

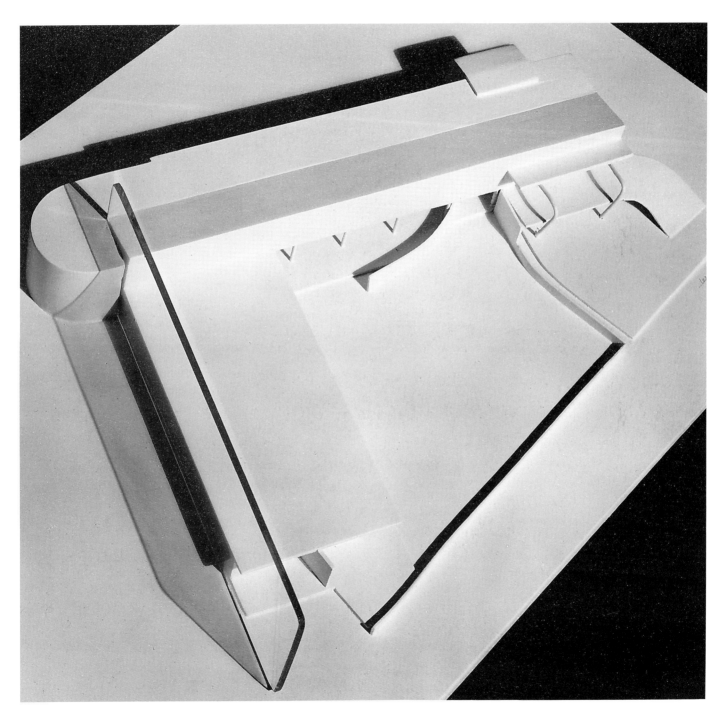

Luftfahrtgebäude
Weltausstellung 1939 in New York
1937–1938

1

1 Luftfahrtgebäude, Weltausstellung 1939 in New York, 1937–1938. William Lescaze gemeinsam mit J. Gordon Carr. Perspektive.

2 Luftfahrtgebäude. Innenraum.

3 Luftfahrtgebäude. Grundriß und Schnitt des ersten Obergeschosses.

4 Luftfahrtgebäude. Zeichnung des Hangars.

5 Luftfahrtgebäude. Außenansicht.

Dieses Gebäude bestand aus drei strukturell unterschiedlichen, ineinander verschränkten Elementen: 1) einer vorne dreieckig zulaufenden Eingangslobby und einem Restaurant mit an Stahlstützen geknüpftem Segeltuchvordach; 2) einem zentralen Ausstellungsraum, der aus einer kostengünstigen Struktur bestand, die als Flugzeughangar ausreichend groß

2

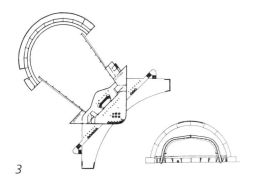
3

4

war, um vier an der Decke aufgehängte Flugzeuge aufzunehmen. Der Tragrahmen bestand aus massiven Stahlprofilbögen, die mit Asbestwellplatten belegt und mit Aluminiumblechen ausgekleidet wurden;
3) einer halbrunden, von Gitterstahlbögen getragenen Struktur, in der sich ein Diorama befand. Das zuletzt genannte Element wurde außen mit farbigem Segeltuch bespannt und innen verputzt. Eine spezielle Beleuchtung und die an die Decke projizierten Dias verstärkten die Illusion von räumlicher Weite innerhalb des Gebäudes.

5

Schweizer Pavillon
Weltausstellung 1939 in New York
1938–1939

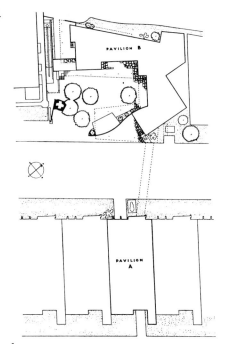

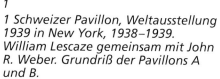

1

2

3

1 Schweizer Pavillon, Weltausstellung 1939 in New York, 1938–1939. William Lescaze gemeinsam mit John R. Weber. Grundriß der Pavillons A und B.

2 Schweizer Pavillon, Eingang zu Pavillon B.

3 Schweizer Pavillon, Innenraum.

Der Eingang zu Pavillon B führte zu einem Informationszentrum und einem Käsekeller, einem Biergarten, einer Bühne und einer Kegelbahn. Das Erdgeschoß beherbergte Ausstellungsflächen, ein Restaurant, eine Terrasse und eine Brücke, die zu Pavillon A führte. Beide Strukturen waren aus Schalbeton erbaut. Der Putz und die Holzverkleidung gaben dem Gebäude ein gleichzeitig «modernes» und typisch schweizerisches Erscheinungsbild.

Haus für das Jahr 2039
1938

1 Projekt eines Hauses für das Jahr 2039. William Lescaze. Zeichnung.

2 Projekt eines Hauses für das Jahr 2039. Zeichnung von Lescaze.

1

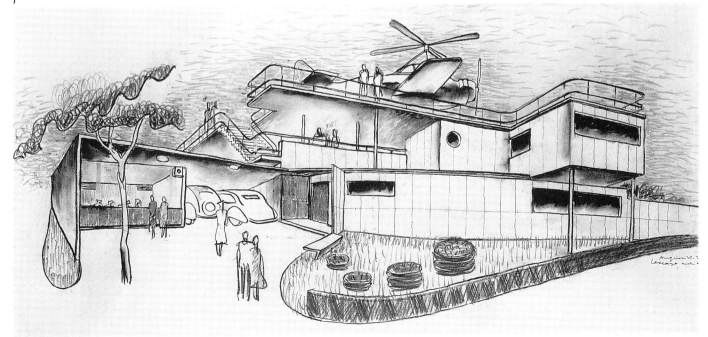

2

Haus und Atelier Garrett A. Hobart III
Tuxedo Park, New York, Vereinigte Staaten, 1938

1 Haus und Atelier Garrett A. Hobart III, Tuxedo Park, New York, Vereinigte Staaten, 1938. William Lescaze. Vorderansicht.

Stadthaus Edward A. Norman
New York, Vereinigte Staaten, 1940–1941

1 Haus Edward A. Norman, East 70th Street Nr. 124, New York, 1940–1941. William Lescaze. Vorderansicht.

2 Haus Norman. Wohnzimmer.

Das Spätwerk
1939–1969

Christian Hubert

Der letzte bedeutende Auftrag, den Lescaze vor Ausbruch des Zweiten Weltkriegs fertigstellte, war das Longfellow Building in Washington, DC (1939–1941). In dieser Stadt war dies das erste Bürogebäude, das als moderner Scheibenkörper ausgeführt war. Lescaze wies darauf in einem Artikel mit dem Titel «America's Outgrowing Greek Architecture» (Amerikas Emanzipation von der griechischen Architektur) hin, und auch Joseph Hudnut, der neue Dekan der Architekturfakultät von Harvard, bezeichnete es schlicht und einfach als das «beste Gebäude der Stadt». Das Longfellow Building enthält deutliche Anklänge an das PSFS Building, besonders im ersten Plan, bei dem das Ineinandergreifen von Turm und Sockel an das Vorgängermodell erinnert. Beim fertigen Gebäude wird jedoch der Turm zu einem Kern für Betriebseinrichtungen reduziert, der von der Straße aus nicht sichtbar ist. Das Gebäude ist eine lange und ziemlich breite Scheibe, mit durchgehenden Bandfenstern. Am südwestlichen Ende dienen markante freitragende Balkons gleichzeitig als Sonnenblenden. Laut Lescaze wurden sie mit Hilfe der Sonnenmaschine seines ehemaligen Bauherrn Alfred Loomis entworfen. Die Bauplatten aus Stahlbeton ruhen auf runden Stützen, von denen zwei den Eingang markieren, wo die freie Form des Foyers sich von der Außenwand des Gebäudes entfernt. Das Longfellow Building gab die Richtung an, die Lescaze nach dem Krieg einschlug, doch war es erfolgreicher als viele seiner Nachfolger.

Während des Krieges litt Lescaze darunter, als Architekt keinen Beitrag zum Krieg leisten zu können. Er nutzte diese Zeit, um mehr zu schreiben: 1942 veröffentlichte er *On Being An Architect* (Ein Architekt sein), ein idiosynkratischer und mehr oder weniger autobiographischer Überblick über seinen Beruf, in dem er eine Rationalisierung der Bauindustrie durch Planung und Vorfertigung forderte, sowohl als Beitrag zum Krieg als auch als Vorbereitung auf den in der Nachkriegszeit zu erwartenden Bedarf. Als Teil dieses Programms entwarf Lescaze ein Fertighaus, das von der Atlantic-Reliance Homes Corporation produziert werden sollte. Diese Häuser waren zwar erschwinglich und leicht zusammensetzbar, doch ihr Erscheinungsbild stieß auf wenig Gegenliebe. Lescaze schloß daraus, daß die wesentlichen Probleme von Fertighäusern bei ihrer Finanzierung und ihrem Vertrieb liegen. In den vierziger Jahren experimentierte Lescaze auch mit vorgehängten Fassadenkonstruktionen und führte Studien für große Wohnungsbauprojekte aus. Beide Übungen dienten ihm als wirksame Vorbereitung auf den Bauboom nach Kriegsende.

Gegen Ende des Krieges gab es einen wieder ansteigenden Bedarf an Wohnungen und neue Subventionsprogramme der Regierung. Lescaze baute in New York mehrere große Wohnsiedlungen, darunter 1941–1946 Elliott Housing in Chelsea und im selben Zeitraum Manhattanville Houses. Dieser zuletzt genannte Auftrag umfaßte 1273 Wohneinheiten, die zwischen dem Broadway und der Amsterdam Avenue in New York auf einem von der 129. und der 133. Straße begrenzten Grundstück errichtet wurden. Er baute auch in den Vorstädten – in Long Island und Connecticut – große Wohnsiedlungen, von denen besonders Harbor Homes und Spinney Hill (1952) hervorgehoben zu werden verdienen. Lescazes städtische Projekte betrafen typische, auf eine Freifläche gesetzte Hochhaustürme. Die ungewöhnlichsten Merkmale von Manhattanville sind die verglasten Zugangskorridore, die in jedem Turm der Wohnsiedlung von den zentralen Verkehrskernen zu den drei Speichen führen. Ansonsten wurden diese Türme wie bei Elliott Housing mit dem reduzierten Vokabular der Ziegelverkleidung gestaltet, das in New York zu der Zeit üblich geworden war. Die vorstädtischen Pläne Lescazes wurden dagegen entsprechend den Vorschlägen von Clarence Stein und Henry Wright für eine Gartenstadt in Radburn, New Jersey, angelegt. Lescaze bemühte sich hier um ein häuslicheres Erscheinungsbild.

In der Nachkriegszeit gab es für Lescaze auch mehr Aufträge für Einfamilienhäuser, darunter das Haus Levey von 1946–1947 und das Haus Sidney Kaye von 1951. Bei diesen Projekten, die er gemeinsam mit seinem Partner Henry A. Dumper entwarf, setzte Lescaze seine Arbeit an der Entwicklung eines «domestizierten modernen» Haustyps fort. In dieser Zeit zeigte er wieder besonderes Interesse an Texturen, was sich an seiner Verwendung kontrastierender Materialien wie Bruchstein und horizontaler Redwood-Verschalung zeigte. Gleichzeitig begann er, mit neuen Dachformen zu experimentieren, darunter auskragende Pultdächer und Flügeldächer. Einerseits entsprachen Lescazes Entwürfe für vorstädtische Wohnsiedlungen und Einfamilienhäuser dem Trend zur Wiederbelebung pseudo-ortstypischer und regionaler Stile, der in den sechziger Jahren seinen Höhepunkt erreichen sollte, doch zeigt sein Umbau des weitläufigen, pittoresken, in Schindelbauweise errichteten Dune-Deck-Hotels von 1950 bis 1954 sein andauerndes Interesse an den prismatischen weißen Volumen des Internationalen Stils, auch wenn er bei der Anordnung der tatsächlichen Formen Kompromisse einging.

Den Großteil von Lescazes Tätigkeit nach dem Krieg machte allerdings der Bau von Bürogebäuden aus. Von Kriegsende bis zu Lescazes Tod 1969 erhielt sein Büro eine Reihe von Aufträgen für Spekulationsobjekte: Büro- und Verwaltungsgebäude. Die von Lescaze und seinen Mitarbeitern in den fünfziger und sechziger Jahren entworfenen Projekte lassen sich als Neuinterpretationen des PSFS ansehen, die aber auch unter dem Einfluß der Syntax des späten Mies van der Rohe und bestimmter Motive aus den Arbeiten Le Corbusiers stehen. Doch die dreidimensionale Komplexität des PSFS wurde mehr oder weniger aufgegeben. Zum Teil lag dies daran, daß diese Aufträge im allgemeinen keine so vielfältigen Funktionen wie beim PSFS betrafen, sondern allgemein und flexibel nutzbaren Büroraum zum Inhalt hatten. Im neoklassischen Klima der sechziger Jahre tendierten die Bürogebäude Lescazes zu einer stereometrischen Einfachheit und Symmetrie, die er früher vermieden hätte.

Das Gebäude an der Third Avenue Nr. 711, das zwischen 1954 und 1956 gebaut wurde, zeigt unübersehbare Anklänge an das PSFS. Aus einer horizontal gebänderten mehrgeschossigen Basis, deren Äußeres ähnlich wie beim Longfellow Building behandelt wird und an das PSFS-Parkhaus denken läßt, steigt ein nahezu quadratischer Schaft mit Betonpfeilern an zwei Seiten auf. Die exponierte Struktur des PSFS ist von einigen Kritikern, insbesondere William Jordy, als Vorwegnahme der in den fünfziger Jahren von Mies van der Rohe und dem Büro Skidmore, Owings und Merrill entwickelten Vorhangfassadensyntax interpretiert worden. Lescazes eigene Arbeiten in dieser Zeit lassen nicht nur das alte Vorbild des PSFS, sondern ebenso auch die von Mies und SOM stammenden zeitgenössischen Neuerungen in der gerasterten Gliederung von Vorhangfassaden erkennen. Anders ausgedrückt: es bestand eine unverkennbare Wechselwirkung. Daher finden sich bei der 1956 gemeinsam mit Kahn und Jacobs entworfenen High School of Art and Design sowohl massive Betonpfeiler als auch schlanke stählerne Fenstersprossen, die sich von oben nach unten über die gesamte Fassade des Gebäudes erstrecken. Doch es gibt auch noch die Betonung der Horizontalen, die in Form von durchgehenden Fensterbändern, die zusätzlich durch horizontale Sprossen unterteilt werden, zum Ausdruck gebracht wird. An der Second Avenue teilt sich die Ansicht symmetrisch in zwei geschlossene, planare Flügel und einen zentralen offenen Teil. Darin ähnelt sie Lescazes Gerichtsgebäude, das er gemeinsam mit Matthew Del Gaudio 1960 entwarf. Wie das Haus Third Avenue 711 sind die später von Lescaze errichteten Bürogebäude, darunter das Borg Warner Building 1955 in Chicago (hier war er als Berater tätig), das Haus Third Avenue 777 von 1962, der Büroturm East Forty-Second Street 300 von 1963 und das Church Center an der United Nations Plaza allesamt einfache Prismen, denen unübersehbar Strukturen für die Haustechnik aufsitzen. Die Gebäude wachsen aus zweigeschossigen Sockeln mit Zwischengeschossen empor, die durchweg zurückspringen, um die quadratische Stützenstruktur offenzulegen. Bei allen Gebäuden sind die vertikalen Sprossen der Vorhangfassade stärker betont als eine etwa vorhandene horizontale Bänderung. Lescaze bemühte sich zwar, in diese Bauten Kunstwerke zu integrieren, doch war dies wenig mehr als eine Geste, die wenig Einfluß auf die Qualität des Gebäudes hatte. Die relativ anonyme Erscheinung dieser Entwürfe spiegelt den in den fünfziger Jahren bei großen Bürohäusern dominierenden Stil, der wiederum Ausdruck der Anforderungen der Bauherren und der Organisationsweise solcher Unternehmen war. Lescaze scheint sich dem daraus resultierenden Prozeß der Banalisierung mehr oder weniger willig angeschlossen zu haben: Der überwiegende Teil seiner Arbeit wurde in der Sprache der Nach-Miesschen-Ära ausgeführt, die damals bei den Spekulationsobjekten entlang der Sixth Avenue endemisch war. Es ist bedauerlich, um nicht zu sagen ironisch, daß Lescaze, als er schließlich die Möglichkeit hatte, im monumentalen Maßstab zu bauen, dies nur mehr in sehr reduzierter Form tun konnte.

Anmerkung
1. *Magazine of Art* (Juni 1937).

Das Spätwerk
1939–1969

1 Haus Levey, *Candlewood Lake, Connecticut, Vereinigte Staaten, 1947.* William Lescaze.

2 Haus Sidney Kaye, *Cornwall Bridge, Connecticut, Vereinigte Staaten, 1951.* William Lescaze.

3 Elliot-Housing-*Wohnsiedlung für die Wohnungsbehörde der Stadt New York, Chelsea, New York, Vereinigte Staaten, 1941–1946.* William Lescaze und Archibald Brown.

4 Hotel Dune Deck, *West Hampton, Long Island, New York, Vereinigte Staaten, 1950–1954.* William Lescaze.

6 Projekt für West Broadway Nr. 30, New York, New York, Vereinigte Staaten, 1959. William Lescaze.

7 Third Avenue 711, New York, New York, Vereinigte Staaten, 1954–1956. William Lescaze.

112   5 Longfellow Building, *Washington, DC, Vereinigte Staaten, 1939–1941. William Lescaze. Ostfassade.*

Das auf ein Eckgrundstück an der Kreuzung von Connecticut Avenue und Rhode Island Avenue plazierte Longfellow-Gebäude war eines der ersten modernen Gebäude Washingtons. Die Stahlbetonstruktur wurde für eine maximale Raumausnutzung zugunsten der Büroflächen geplant. Das Budget war eher knapp bemessen. Ein zwölfstöckiger Büroblock ist mit einem separat gegliederten Technikturm verbunden, der diagonal zur Straßenecke steht und an den Eingang an der Rhode Island Avenue angrenzt. Die auskragenden Balkons entlang der gesamten Breite der Südwestfassade bilden Sonnenblenden für jedes horizontale Bandfenster.

6

7

8

9

10

8 Schweizer Botschaft, Washington, DC, Vereinigte Staaten, 1959. William Lescaze.

9 High School of Art and Design, Ecke 57th Street und 2nd Avenue, New York, New York, 1960. William Lescaze gemeinsam mit Kahn und Jacobs.

10 Borg Warner Building, Michigan Avenue Nr. 200, Chicago, Illinois, Vereinigte Staaten, 1955. Beratung: William Lescaze.

11 Church Center, Ecke U.N. Plaza und East 44th Street, New York, New York, Vereinigte Staaten, 1961. William Lescaze.

12 Gerichtskomplex. New York, New York, Vereinigte Staaten, 1960. William Lescaze gemeinsam mit Matthew Del Gaudino.

13 Third Avenue Nr. 777, New York, New York, Vereinigte Staaten, 1963. William Lescaze.

14 East 42nd Street, New York, New York, Vereinigte Staaten, 1963. William Lescaze.

11

12

13

117

14

Literatur

Zusammengestellt von Lorraine Lanmon

Schriften zu William Lescaze

1925
Third Annual Decorative Exhibition. Katalog (New York: Wanamaker's Gallery of Decorative Art, 10.–31. März).

1927
Architectural Competition for the Erection of a League of Nations Building at Geneva. Von der Jury in Genf unterzeichnet.
«A Bit of Old Spain in New York». *Arts and Decoration* Bd. 28 (November), S. 50–51.
«Boys' Dormitory». *Architecture* Bd. 55 (April), S. 207–208.
Machine-Age Exposition Catalogue (New York: Little Review, Mai), S. 16–28.

1928
American Designers' Gallery Exhibition Catalogue (New York: American Designers' Gallery, Inc.).
«The Bus Grows Up». *The New Yorker* (27. Oktober), S. 20–21.
«Country Home of 1938 has Airplane Facilities Built In». *New York Herald Tribune* (23. Dezember), Zeitschriftensupplement.
Glassold, Adolf C. «The Decorative Arts». *The Arts* Bd. 14 (Oktober), S. 215–217.
____. «Decorative Art Notes». *The Arts* Bd. 13 (Mai), S. 296–301.
____. «Art in History». *The Arts* Bd. 13 (Juni), S. 375–379.
Howard, Edwin Laclede. «The City of Columbus». *Architectural Record* (August), S. 145–149.
«An International Exposition of Art In Industry» (New York: Macy's, 14. Mai bis 26. Mai).
«The Macy Exposition of Art in Industry». *Architectural Record* Bd. 64 (August), S. 137–143.
«Modernistic Apartment». *Architecture* Bd. 58 (August), S. 89–92.
Prussing, Lillian E. *Mid-Week Pictorial* (12. Januar).
Hitchcock, Henry-Russell. «Some American Interiors in the Modern Style». *Architectural Record* Bd. 64 (September), S. 38.

1929
Glassold, Adolph, C. «The Decorative Arts». *The Arts* Bd. 15 (April), S. 269–273, 286, 288.
Kitchen, Karl K. «Up and Down Broadway». *New York World* (23. April).
«Nineteen Twenty-Eight Contributes to a Modern American Style». *Architectural Record* Bd. 135 (5. Januar), S. 31–48.
«Oak Lane School to Open Nursery». *The Philadelphia Inquirer* (22. September).
Patterson, Curtis. Rezension von *The New Interior Decoration* von Dorothy Todd und Raymond Mortimer «A Source Book on Modern Interiors». *International Studio* Bd. 94 (September), S. 72–73.
Todd, Dorothy; und Mortimer, Raymond. *The New Interior Decoration* (New York: Scribners).

1930
«Apartment for Mr. Herzberg, N.Y.C.». *Architectural Record* Bd. 67 (März), S. 259–260.
Brock, H.I. «Modern Architecture in Rural Setting». *New York Times* (2. Februar), Sonderbeilage, S. 8.
Cheney, Sheldon. *The New World Architecture* (New York: Longmans, Green and Co.).
Frankl, Paul T. *Form and Reform* (New York: Harper Bros.).
Gordon, Harry. «Wohin mit den Autos». *Das Illustrierte Blatt* (Frankfurt am Main: 23. Januar).
Glassgold, Adolph C. «The Stokowski Apartment». *Architectural Forum* Bd. 53 (August), S. 227–229.
____. «House of William Stix Wasserman, Esq., Whitemarsh, Pennsylvania». *Architectural Forum* Bd. 53 (August), S. 23–32.
____. «House for Mrs. G.F. Porter, Ojai, California». *Architectural Record* Bd. 68 (November), S. 440.
Howe, George; und Lescaze, William. *A Modern Museum* (Springdale, Connecticut: Eigenverlag).
Kahn, Ely Jacques. «Modern Lighting Departs Radically from the Methods of the Past». *House and Garden* (August), S. 44–45.
Kelsey, Albert, Hg. *Program and Rules of the Competition for the Selection of an Architect for the Monumental Lighthouse* (Washington, D.C.: Pan American Union, 1928 und 1930).
«Ein Kindergarten». *Die Form* Bd. 5 (1. Januar), S. 15–17.
«Modernism Invades Even the Bucolic World of Camps and Hunting Lodges». *House and Garden* (Juni), S. 94–95.
McBride, Henry. «Tendencies in City Buildings Illustrated by the Exhibition». *New York Sun* (8. Februar), S. 8.
Neutra, Richard J. *Amerika* (Wien: Verlag von Anton Schroll und Co.).
«Nursery Building, The Oak Lane Country Day School, Philadelphia». *Architectural Record* Bd. 67 (April), S. 360–363.
«C. Phillips Apartment». *U.S.A.* Bd. 1 (Frühling), S. 42.
Platz, Gustav Adolf. *Die Baukunst der neusten Zeit* (Berlin: Propyläen Verlag).
«Should Architects Design Furniture?» *House and Garden* (Februar), S. 86.

1931
«Bank and Office Building, Philadelphia Saving Fund Society». *Architectural Record* Bd. 69 (April), S. 308.
«The Current Cinema». *The New Yorker* (28. März), S. 75–76.
Curry, William B. «Modern Buildings for New Schools». *Graphic Survey* Bd. 1 (September), S. 496–498.
Hamlin, Talbot. «Architecture». In *The New International Yearbook*. Herausgegeben von Herbert Tredwell Wade (New York: Dodd, Mead).
Hoffman, Herbert. «Kleinkinderschule in Philadelphia». *Moderne Bauformen* Bd. 30, S. 578–580.
«House for F.V. Field, Hartford, Connecticut, and Another for Arthur Peck Paoli, Pennsylvania». *Architectural Record* Bd. 70 (November), S. 368–369.
Howe, George. «A Design for a Savings Bank and Office Building». *T-Square Club Journal* Bd. 1 (März), S. 10–13.
____. «Modernism in School Architecture». *The American School and University Yearbook* (New York: American School Publ. Corp.), Bd. 4, S. 93–96.
«New Interiors». *Creative Art* Bd. 9 (September), S. 240–246.
Patterson, Curtis. «Georgian Calm with Modernistic Repose». *Harpers Bazaar* (April), S. 105–106.
Philadelphia Chapter A.A. and T-Square Club, Yearbook (1929 und 1931).
Tarleton, Leslie S. «Heating and Cooking for a Modern Bank and Office Building». *Heating and Ventilating* (September), S. 57–60.

«Trans-Lux Theater New York City». *Architectural Record* Bd. 70 (August), S. 118–120.
«Ultra-Modern Design Accepted for School». *New York Times* (30. April), S. 26.
«Will Erect Functionalist Building». *Art Digest* Bd. 5 (1. Juni), S. 10.

1932
Bauer, Catherine. «Architecture: In Philadelphia». *Arts Weekly* Bd. 1 (23. April), S. 151–154.
«Building Facade Emphasizes Steel Frame». *Engineering News-Record* Bd. 109 (10. November), S. 549–552.
«Design for the Machine». *The Pennsylvania Museum Bulletin* Bd. 27 (März), S. 115–119.
«Explain Houses on Stilts». *New York Times* (10. Februar), S. 43.
Hitchcock, Henry-Russell. «Architectural Chronicles: The Brown Decades and the Brown Years». *Hound and Horn* Bd. 5 (Januar–März), S. 272–277.
«House of Frederick V. Field, New Hartford, Connecticut». *Architectural Record* Bd. 72 (November), S. 326–329.
Howe, George. «Functional Aesthetics and the Social Ideal». *Pencil Points* Bd. 13 (April), S. 215–218.
____. «New Departures in Philadelphia». *Building Investment* (März), S. 26–28.
«Howe and Lescaze Quit League to Fight Alone» Rather Than [Compromise With Crowd]. *New York Times* (28. Februar), S. 1, 22.
«Modern Housing in the Modern Manner». *East Side Chamber News* Bd. 5 (Februar), S. 7–9.
«A New Shelter for Savings». *Architectural Forum* Bd. 57 (Dezember), S. 483–498.
«A New Shelter for Savings: George Howe and William Lescaze, Architects». *Architectural Forum* Bd. 57 (Dezember), S. 485–498.
«Planning, Engineering, Equipments the Philadelphia Saving Fund Society Building». *Architectural Forum* Bd. 57 (Dezember), S. 543–550.
«Portfolio of Apartment Houses». *Architectural Record* Bd. 71 (März), S. 167–208.
«Proposed Chrystie-Forsyth Housing Development for New York City». *Architectural Record* Bd. 71 (März), S. 194–195.
«Proposed Housing Development, Chrystie-Forsyth Streets, New York». *Architectural Forum* Bd. 56 (März), S. 256–267.
Purdy and Henderson. «Structural Engineering». *Architectural Forum* Bd. 57 (Dezember), S. 547–548.
Reilly, C.H. «Philadelphia's Fancy». *Fortune* Bd. 6 (Dezember), S. 65–69, 130–131.
«The Saving Fund Society Building». *Architectural Forum* Bd. 56 (Januar), S. 97–102.
Sterner, Harold. «International Architectural Style». *Hound and Horn* Bd. 5 (April–Juni), S. 452–460.
«Symposium: The International Architecture Exhibition». *Shelter* Bd. 2 (April), S. 3–9.
Tarleton, Leslie S. «Air Conditioning the Philadelphia Saving Fund Society Building». *Heating and Ventilating* (Juli), S. 27–30.
____. «Electricity and the Architect». *T-Square Club Journal* Bd. 2 (Januar), S. 26, 33.
«Trans-Lux Theater, New York, New York, Howe and Lescaze, Interior». *Architectural Forum* Bd. 57 (Oktober), S. 386.
«The Unusual Philadelphia Saving Fund Building». *Engineering News Record* Bd. 109 (10. November), S. 549–552.

1933
L'Architecture d'aujourd'hui Bd. 4 (November/Dezember), S. 69–75.
«Eine moderne amerikanische Schule». *Die Form* (Juli), S. 212–215.
«Philadelphia Saving Fund Society Building». *Nuestra Arquitectura* Bd. 4 (Mai), S. 339–342.
Giedion, Siegfried. «Vers un renouveau architectural de l'Amérique». *Cahiers d'Art* (August), S. 237–243.
Harbers, Guido. «Das neue Bürgogebäude PSFS». *Der Baumeister* (Juni), S. 195–202.
«Herzberg Apartment». *L'Architecture d'aujourd'hui* (November/Dezember), S. 69–75.
«House of William B. Curry». *Architectural Forum* Bd. 58 (März), S.177–180.
«House in Devon, England». *Architectural Forum* Bd. 59 (November), S. 405–408.
«House in New Hartford, Connecticut». *Architectural Forum* Bd. 59 (November), S. 400–404.
Hussey, Christopher. «High Cross Hill, Dartington, Devon, The Residence of Mr. W. B. Curry». *Country Life* (11. Februar), S. 144–149.
Robin, A., und Barmacho. «Howe and Lescaze». *L'Architecture d'aujourd'hui* Bd. 4 (November).

1934
Auberjonois, Fernand. «Le bâtiment de la Philadelphia Saving Fund Society». *Œuvres Architecture Art Appliqué Beaux-Arts* (August), S. 13–16.
«Brooklyn Museum Will Now Greet Visitors With a New Face». *Art Digest* (September), S. 32.
«Brownstone to Glass Brick». *House and Garden* Bd. 66 (Dezember), S. 31–33.
«City House of William Lescaze, New York». *Architectural Forum* Bd. 61 (Dezember), S. 388–399.
«Contemporary Quinquennial». *Architectural Forum* Bd. 61 (Dezember), Bd. 408–420.
Curry, William B. «Planning for Education». *Design for Today* (September), S. 319–322.
«Dartington Country School, South Devon, England». *Architectural Record* Bd. 75 (Mai), S. 384–385.
«An English Residence Designed by Two New York Modernists». Bd. 65 (Februar), S. 56–57.
Heard, Gerald. «The Dartington Experiment». *Architectural Review* Bd. 75 (April), S. 119–122.
Johnson, Philip. «The Modern Room,» und «The Modern House». In *Art in America in Modern Times*. Von Holger Cahill und Alfred H. Barr, Jr. (New York: Museum of Modern Art), S. 72–76.
Levinson, Maxwell. «The Most Outstanding Office Building in America». *Living Art* (Januar), S. 24–26.
«Living in Space». *Arts and Decoration* Bd. 40 (Februar), S. 23–26.
McGrath, Raymond. *Twentieth Century Houses* (London: Faber).

Mieras, J. P. «De Philadelphia Fund Society, Architecten Howe and Lescaze». *Bouwkundig Weekblad Architectura* Bd. 55 (23. Juni), S. 258–263.

Morand, Dexter. «Modern House in Devon». *Construction* (Juli/August), S. 83–86.

Mumford, Lewis. «The Sky Line». *The New Yorker* (15. September), S. 99–101.

«Realistic Replanning». *Architectural Forum* Bd. 61 (Juli), S. 49–55.

Robertson Howard. «An Office Building in Philadelphia». *The Architect and Building News* Bd. 137 (12. Januar), S. 66–68.

Yorke, F. R. S. *The Modern House*. (London: The Architectural Press), S. 160–161.

Carlman, Manne. «En Modern Bank-ock Konitorsbyggnadi U.S.A». *Byggmastaren* Bd. 14 (Januar), S. 3–8.

1935

Churston-Verkaufsbroschüre, England.

«City Home of William Lescaze». *The Technical Engineering News* (Massachusetts Institute of Technology, 16. Juni), S. 65–67.

«Columbia Broadcasting Station, New York». *Architectural Forum* Bd. 63 (August), S. 121–122.

Cutts, A.B. «Residence of William Lescaze, New York». *Architectural Record* Bd. 77 (April), S. 171–174.

«Editorial Offices, Editorial Publications, Inc». *Architectural Record* Bd. 78 (September), S. 189–191.

«The Gymnasium Block». *The Architects' Journal* (3. Oktober), S. 481–482.

«House in New York City». *The Architect and Building News* Bd. 143 (5. Juli), S. 18–20.

«The House Plan». *Architectural Record* Bd. 78 (November), S. 302–303.

«House, South Devon». *Architectural Review* Bd. 77 (März), S. 108.

«The House That Works: 5». *Fortune* Bd. 12 (Oktober), S. 59–65, 94.

«Housing Project Shown in a Model». *New York Times* (19. Dezember), S. 9

«George Howe e William Lescaze architetti americani». *Domus* Bd. 13 (Mai), S. 14–18.

Hutchinson, Susan A. «The Wilbour Library Room». *The Brooklyn Museum Quartcrly* Bd. 22 (Januar), S. 23–25.

«Lighthouse for a Painter». *Arts and Decoration* Bd. 42 (Januar), S. 48–49.

The Melrose Massachusetts Leader (5. Juli).

Morancé, Albert, Hg. *Encyclopédie de l'architecture: constructions modernes*. 3 Bände (Paris).

«The Proposed Children's Museum, Brooklyn, New York». *American Architect* Bd. 147 (Dezember), S. 16–18.

«Residence of William Lescaze, New York». *Architectural Review* Bd. 77 (April), S. 171–174.

Sartoris, Alberto. *Gli elementi dell'architettura funzionale*. 2. Auflage (Mailand: Ulrico Hoepli).

«Two Blocks of Cottages». *The Architects' Journal* (3. Oktober), S. 482–484.

«Two Boarding Houses». *The Architects' Journal* (3. Oktober), S. 479–480.

«Trend: A New Schoolhouse that Looks Like a Penthouse on Mars». *Newsweek* Bd. 6 (2. November), S. 20.

«The Wilbour Library, Brooklyn Museum, Brooklyn, New York». *American Architect* Bd. 147 (Dezember) S. 14–15.

1936

«All Not Quiet on the Western Front». *Architectural Record* Bd. 80 (August), S. 76–77.

«Ansonia High School U.S.A.: William Lescaze, Architect». *The Architects' Journal* Bd. 83 (2. Mai), S. 826–827.

Aronson, Joseph. *The Book of Furniture and Decoration: Period and Modern* (New York: Crown Publishers).

Betts, Benjamin F. «Purdue Begins Housing Experiment». *Architectural Record* Bd. 79 (Januar), S. 64–65.

Cheney, Sheldon; und Cheney, Martha. *Art and the Machine* (New York: Whittlesey House; McGraw-Hill Book Co.).

Coates, Robert M. «Profiles—William Lescaze». *The New Yorker* (12. Dezember), S. 44–50.

«Columbia Broadcasting Studios». *Architectural Forum* Bd. 64 (Juni), S. 479–487.

«Cottages at the Warren, Dartington Hall, Totnes». *Architectural Review* Bd. 80 (Dezember), S. 263–264.

«Functional Approach to School Planning, Ansonia High School, Ansonia, Connecticut». *Architectural Record* Bd. 79 (Juni), S. 481–486.

Hopkins, Alfred. «Terrace from Terra, Close to the Earth». *Arts and Decoration* Bd. 44 (August), S. 18–20.

«House for Vincent K. Cates». *Architectural Forum* Bd. 65 (November), S. 454–455.

«A House at Dartington». *The Architect and Building News* Bd. 148 (27. November), S. 254–256.

Jackson, Alan. «A New American Phenomenon—Luxurious Smaller Houses». *Arts and Decoration* Bd. 43 (Februar), S. 11–15.

«Low-Cost Housing Research at Purdue University». *Architectural Record* Bd. 80 (Februar), S. 142–144.

«Magnolia Petroleum Building». *Architectural Record* Bd. 80 (Juli), S. 3.

Morin, Roi L. «Oregon's Capitol Competition». *Architectural Record* Bd. 80 (August), S. 78–79.

____. «Oregon Competition in Retrospect; Minutes of Jury Show Unusual Deliberation». *Architect and Engineer* Bd. 127 (November), S. 11–26.

«New in New England». *House Beautiful* Bd. 78 (Dezember), S. 64–65.

«Oregon State Capitol Competition»: Winning Design by Trowbridge and Livingston and F. Keally, with Five of the Runnerup Designs. *American Architect* Bd. 149 (Juli), S. 27–34.

«Oregon State Capitol Competition». *Architectural Forum* Bd. 65 (Juli), S. 2–10.

«A Proposed Museum of Contemporary Art for New York City by Howe and Lescaze, Architects». *Architectural Record* Bd. 80 (Juli), S. 43–50.

Reilly C. H. «The First Great Modern Bank Building: The Philadelphia Saving Fund Society's New Offices». *The Banker* Bd. 37 (Februar), S. 186–202.

«Residencia privada del Señor W. B. Curry». *Revista de Arquitectura* (Februar), S. 68–72.

«Unity House, Forest Park, Pennsylvania». *Architectural Record* Bd. 79 (März), S. 185–193.
Youtz, Philip. «Museum Planning». *Architectural Record* Bd. 80 (Dezember), S. 417–422.

1937
«Ansonia High School, Ansonia, Connecticut». *Architectural Forum* Bd. 67 (Dezember), S. 487–492.
«Ansonia High School, Ansonia, Connecticut». *Architectural Record* Bd. 81 (April), S. 13–15.
Betts, Benjamin F. «Purdue Completes Year of Structural Research». *Architectural Record* Bd. 81 (März), S. 34.
«Churston Development, South Devon, England». *Architectural Record* Bd. 81 (Mai), S. 31–34.
«Columbia Broadcasting Studio». *Architectural Forum* Bd. 66 (Mai), S. 443–446.
Decorative Art: Yearbook of the Studio (London: Studio Publications, 1932–1937).
Giolli, Raffaello. «William Lescaze». *Casabella* Bd. 10 (Januar), S. 10–21.
«Gymnasium, Dartington School, England». *Architectural Record* Bd. 81 (Mai), S. 46.
Hitchcock, Henry-Russell, et al. *Modern Architecture in England* (New York: Museum of Modern Art; Nachdruck, New York: Arno Press für das Museum of Modern Art, 1969).
Horton, Philip. *Hart Crane* (New York: W.W. Norton and Co.).
«House at Harvey Cedars, New Jersey». *Architectural Forum* Bd. 67 (August), S. 93.
«House for Mrs. R.C. Kramer, New York City: William Lescaze, Architect». *Architectural Record* Bd. 81 (Februar), S. 30–38.
Kunz, Fritz. *Der Hotelbau von heute im In-und Ausland* (Stuttgart: Julius Hoffmann), S. 99–100.
Jackson, Alan. «To Suit the Family—A Streamlined Remodeling Job». *Arts and Decoration* (Oktober), S. 8–12.
«Modern Building for Modern Schools». *School Management* (Mai), S. 240–241.
«Office Building for Kimble Glass Company». *Architectural Record* Bd. 82 (August), S. 124–125.
«Office For Time, Inc., New York City». *Architectural Forum* Bd. 67 (November), S. 411–412.
«The Offices, Dartington Hall, Devon». *The Architect and Building News* Bd. 149 (15. Januar), S. 76–78.
«Weekend House on Seashore: William Butler House, Harvey Cedars, N.J.». *Architectural Record* Bd. 82 (August), S. 73–74.

1938
«Ansonia High School, Conn. U.S.A.». *Architect and Building News* Bd. 153 (18. März), S. 335–338.
«An Architectural Competition». *Museum of Modern Art Bulletin* Bd. 5 (Februar), S. 2–3.
«Aviation Building for New York Fair». *Architectural Record* Bd. 84 (November), S. 82–83.
«CBS Broadcasting Studios, Hollywood, California». *Architectural Forum* Bd. 68 (Juni), S. 454–464.
«CBS Broadcasting Studios, Hollywood». *Architectural Record* Bd. 84 (Juli), S. 108–111.

«Competition to Select an Architect for a Proposed Art Center for Wheaton College». *Architectural Forum* Bd. 68 (Februar), Beilage, 6a–6d.
«Connecticut Contemporary House of Professor F. S. Dunn at Woodbridge, Connecticut». *House and Garden* Bd. 73 (Januar), S. 54–55.
«A Glass Company's Offices, New Jersey, U.S.A.». *Architect and Building News* Bd. 155 (29. Juli), S. 119, 130–132.
«Goucher College Campus Competition; Preliminary Studies Give Key to Winning Design». *Pencil Points* Bd. 19 (Dezember), S. 735–750.
«Goucher College Competition: Moore and Hutchins, Winners». *Architectural Forum* Bd. 69 (November), Beilage 26.
Hamlin, Talbot F. «Competitions». *Pencil Points* Bd. 19 (September), S. 551–565.
____. «New York Housing: Harlem River Homes and Williamsburg Houses». *Pencil Points* Bd. 19 (Mai), S. 281–292.
Keller, Allan. «They Build New York: Lescaze a Modernist of Modernists». *New York World-Telegram* (19. Februar), 2. Sektion, S. 19.
«List of Architects to Compete for a General Development of Plan». *Architectural Forum* Bd. 69 (August), Beilage 77b.
«Office Building for Kimble Glass Company, Vineland, New Jersey». *Architectural Forum* Bd. 68 (März), S. 200–204.
«Report of the Jury for the Competition for an Art Center for Wheaton College». *Architectural Forum* Bd. 69 (August), S. 143–158.
Spencer, E. P. «College Builds a College; Goucher Competition». *Magazine of Art* Bd. 31 (Dezember), S. 705–707.
Storey, Walter Rendell. «William Lescaze, Interior Architect». *The London Studio* Bd. 116 (Dezember), S. 304–307.
«Unity House». *Architectural Review* Bd. 74 (Dezember), S. 296–297.
«Unity House, Forest Park, Pennsylvania». *Life* Bd. 5 (1. August), S. 42–53.
«Utility Motive in Modern Design of Columbia Broadcasting Studios». *The Southwest Builder and Contractor* Bd. 91 (27. Mai), S. 12–14.
«Wheaton Prize Winners Shown». *Magazine of Art* Bd. 31 (Juli), S. 429–430.
«Williamsburg Houses, Brooklyn, N.Y.». *Architectural Forum* Bd. 68 (Mai), S. 356–359.

1939
«Ansonia High School». *Architectural Review* Bd. 85 (März), S. 143–145.
«Broadcasting Studios». *Architectural Record* Bd. 85 (Mai), S. 221–223.
«Design for Broadcasting». *Engineering News-Record* Bd. 112 (5. Januar), S. 12–15.
«House for Alfred L. Loomis, Tuxedo Park, New York». *Architectural Forum* Bd. 71 (Juli), S. 36–41.
«House at Tuxedo Park, N.Y.». *Architectural Review* Bd. 86 (November), S. 197–200.
«House Within a House». *House and Garden* Bd. 75 (Februar), S. 48–51.
«PSFS». *L'Architecture d'aujourd'hui* Bd. 10 (Juni), S. 24–25.

Santacillia, Carlon O. *La maquinismo, la vida y la arquitectura*. (Mexiko), S.16–63.
«The Swiss Pavilion». *Architectural Review*, Special Issue, New York World's Fair Bd. 86 (August), S. 64–65.
«Swiss Pavilion at the New York Fair». *Parnassus* Bd. 11 (März), S. 5.
«Switzerland Building». *Architectural Forum* Bd. 70 (Juni), S. 462.

1940
Ford, James; and Ford, Katherine Morrow. *The Modern House in America* (New York: Architectural Book Publishing Co.).
Hamlin, Talbot. «Architecture». In *The New International Yearbook*. Hg. Frank Vizetelly (New York: Dodd, Mead, 1932–1940).
McAndrew, John, Hg. *Guide to Modern Architecture: Northeast States* (New York: Museum of Modern Art).
Williams, Herbert. «The Home of an Uncompromising Modernist». *Arts and Decoration* Bd. 51 (April), S. 5–7, 41.

1941
«Longfellow Building, Washington, D.C.». *Architectural Record* Bd. 89 (Februar), S. 44–45.
«Longfellow Building, Washington, D.C.». *Architectural Forum* Bd. 74 (Juni), S. 394–401.
«PSFS Parking Garage, Philadelphia, Pennsylvania, Howe and Lescaze, Architects». *Architectural Record* Bd. 90 (Juli), S. 94.

1942
Ford, James; and Ford, Katherine Morrow. *Design of Modern Interiors* (New York: Architectural Book Publishing Co.).

1943
«Worth Fighting For: Decent Housing for All». *PM's Daily Picture Magazine* (13. April), S. 1.
«Built in U.S.A. 1932–1934». *Architectural Forum* Bd. 80 (Mai), S. 96.

1944
Mock, Elizabeth, Hg. *Built in U.S.A. 1932–1944* (New York: Museum of Modern Art).
«Edward Norman Residence, New York». *House and Garden* Bd. 86 (Oktober), S. 79–81.
«Offices and Broadcasting Studios, Station WLW, Crosley Corporation, Cincinnati». *Pencil Points* Bd. 25 (Juli), S. 41–51.
«A Plan for Harlem's Redevelopment». *Architectural Forum* Bd. 80 (April), S. 145–152.
«Un studio d'émissions radiophoniques; la station C.B.S. à Hollywood». *L'architecture française* Bd. 9, S. 69–71.

1945
«Design Analysis: The Vertical Style». *Architectural Forum* Bd. 83 (Juli), S. 105–113.
«Guest House in Greenwich, Connecticut». *Architectural Forum* Bd. 83 (August), S. 138–139.
«Town House, New York, N.Y.». *Architectural Forum* Bd. 82 (März), S. 140–142.

1947
«Curtain Wall». *Architectural Forum* Bd. 86 (Mai), S. 97–100.

1948
«F.H.A. Approves 1st Prefabrication Loan: House Designed by William Lescaze». *Herald Tribune* (New York: 14. November), Teil 6, S. 5.
«A House in an Hour-and-a-Half». *The Evening Bulletin* (Philadelphia: 7. Februar), S. 6.
«Three Bedrooms Plus Large Living Area Organized for Privacy, Sun, View». *Architectural Forum* Bd. 88 (April), S. 142–143.
Weber, Brom. *Hart Crane* (New York: The Bodley Press).

1949
«Colorful Movie Theater». *Architectural Forum* Bd. 91 (November), S. 95–97.
«Four Experimental Houses». *Architectural Forum* Bd. 91 (November), S. 86–89.
Gutheim, Frederick A. «The Philadelphia Saving Fund Society Building: A Re-Appraisal». *Architectural Forum* Bd. 106 (Oktober), S. 88–95, 180, 182.
«Station de la Columbia Broadcasting System à Hollywood». *L'Architecture d'aujourd'hui* Bd. 20 (Mai), S. 74–77.
«Three-Bedroom Aluminum and Steel House is 'Built' Here in Hour and 5 Minutes». *The Evening Star* (Washington, D.C.: 11. Juni), Teil B, S. 1.

1950
«The Contemporary Domestic Interior». *Interiors* Bd. 109 (Juli), S. 84–85.

1951
«Clinic and Group Practice». *Progressive Architecture* Bd. 32 (Juli), S. 62–63.
«Office Buildings». *Architectural Record* Bd. 121 (März), S. 227–249.

1952
«Lescaze Remodels an Old Broadway Theater to Accomodate the Latest in Entertainment». *Architectural Forum* Bd. 97 (November), S. 128–129.
Pevsner, Nikolas. *Buildings of England: South Devon* (Harmondsworth, Middlesex: Penguin Books).
Weber, Brom. *The Letters of Hart Crane* (New York: Hermitage House).

1953
Architecture and Design Bd. 17 (Januar), die Ausgabe ist ausschliesslich Lescaze gewidmet.
Practical Houses for Contemporary Living (New York: F. W. Dodge Corporation) S. 57–59.
«Seaside Hotel is Remodelled». *Architectural Record* Bd. 113 (Januar), S. 128–131.

1954
«Harbor Homes, Port Washington, New York». *Journal of Housing* Bd. 11 (August/September), S. 274–275.
«Long Island: State Aided Suburban Housin». *Architectural Record* Bd. 115 (Juni), S. 179–181.

«Porcelain Enameled Curtain Walls Design Recommendations». *Architect and Engineer* Bd. 198 (Juli), S. 10–11.
Sartoris, Alberto. *Encyclopédie de l'architecture nouvelle.* Bd. 3 (Mailand: Hoepli).

1955
«Proposed City and Municipal Courts Building, Foley Square, N.Y.C.». *Architectural Record* Bd. 118 (November), S. 188–191.

1956
«Color and Art Help an Office Building». *Architectural Forum* Bd. 105 (Oktober), S. 154–155.

1957
Cady, John Hutchins. *The Civic and Architectural Development of Providence 1636–1950* (Providence, Rhode Island: The Book Shop).
«Genetrix, Personal Contributions to American Architecture». *The Architectural Review* Bd. 121 (Mai), S. 336–386.

1958
Bonham-Carter, Victor. *Dartington Hall* (London: Phoenix House).

1959
Fitch, James Marston. «William Lescaze». *Architecture, Formes et Fonctions* Bd. 6, S. 96–103.

1961
Creighton, Thomas. «Architecture and the Metal Curtain Wall». *Architectural Metals* (August), S. 7–12.
«Inside Courtrooms, Divided Circulation». *Architectural Record* Bd. 130 (August), S. 107–110.
Tatum, George B. *Penn's Great Town* (Philadelphia: University Press).

1962
Jordy, William. «PSFS: Its Development and Its Significance in Modern Architecture». *Journal of the Society of Architectural Historians* Bd. 21 (Mai), S. 47–83.
Stern, Robert A. M. «PSFS: Beaux-Arts Theory and Rational Expression». *Journal of the Society of Architectural Historians* Bd. 21 (Mai), S. 84–95.

1964
Jordy, William H.; and Wright, Henry. «PSFS». *Architectural Forum* Bd. 120 (Mai), S. 124–129, 143.

1965
«Building Complex Has Office-Hotel». *Architectural Record* Bd. 137 (Januar), S. 102.
«A Chapter Ends on Sutton Place». *New York Times* Teil Immobilien, (7. März), S. 1, 10.
Norton, Paul F. «World's Fairs in the 1930s». *Journal of the Society of Architectural Historians* Bd. 24 (März), S. 27–30.
Richards, James M. *An Introduction to Modern Architecture* (Harmondsworth: Penguin Books; überarbeitete Neuauflage).

1967
Hening, Robert. «Building in Terms of Human Beings». *Dartington Hall News* (21. Februar), S. 7.
Brooks, Allen H. «PSFS: A Source for its Design». *Journal of the Society of Architectural Historians* Bd. 27 (Dezember), S. 299–302.

1969
Cottis, Nicolas. «Time to Preserve This for the Future?». *Dartington Hall News* (28. März), S. 6.
Hitchcock, Henry-Russell. «Howe and Lescaze». In *Modern Architecture. International Exhibition,* by Alfred Barr et al. (New York: Museum of Modern Art, 1932, Neuauflage, Arno Press).
«William Lescaze Architect Dies». *New York Times* (10. Februar), S. 39.
«Obituary». *Architectural Forum* Nr. 130, 2 (März), S. 89.
Pica, Agnoldomenico. «Lescaze». *Domus* Bd. 476 (Juli), S. 1.
Von Eckardt, Wolf. «William Lescaze Dies: Swiss-Born Architect». *Washington Post* (10. Februar), Teil D, S. 3.

1971
Barbey, Gilles. «William Lescaze (1896–1969). Sa carrière et son œuvre de 1915 à 1939». *Werk* Bd. 58 (August), S. 559–563.

1972
Jordy, William. *American Buildings and Their Architects: The Impact of European Modernism in the Mid-Twentieth Century.* Bd. 4 (New York: Doubleday and Co.), 2. Kapitel.

1973
West, Helen Howe. *George Howe, Architect* (Philadelphia: Eigenverlag).

1975
Greif, Martin. *Depression Modern—The Thirties Style In America* (New York: Universe Books).
Stern, Robert A. M. *George Howe: Toward a Modern American Architecture* (New Haven: Yale University Press).

1976
Kramer, Ellen. «Designation Report». Landmarks Preservation Commission, Bd. 1 LP-0898 (27. Januar).
Wodehouse, Lawrence. Besprechung von *George Howe: Toward a Modern American Architecture.* Von Robert A. M. Stern, in: *Journal of the Society of Architectural Historians* Bd. 35 (März), S. 64.
____.«Lescaze and Dartington Hall». *Architectural Association Quarterly* Bd. 8, S. 2–14.

Schriften von William Lescaze

1918
«Réflexions que l'œuvre, la vie, et la mort de Hodler suggèrent en moi». *Zofingen, Zentralblatt* 58. Jahrgang (Juli), S. 851, 859–865.

1928
«The Future American Country House». *Architectural Record* Bd. 64 (November), S. 417–420.

1932
«A New Shelter for Savings». *Architectural Forum* Bd. 57 (Dezember), S. 483–498.

1933
«The Modern House». *Architectural Forum* Bd. 59 (November), S. 393–394.
«New Deal in Architecture». *The New Republic* Bd. 75 (26. Juli), S. 278–280.
«What is Modern Architecture?». *The News Letter* (London: 3. April), S. 11–13.

1934
«Letters from an Architect to a Client». *Theater Arts Monthly* 18 (September), S. 684–695.
«Living Modern». *Junior League Magazine* 20 (April), S. 20–21, 98–99.
Typoskript eines Vortrages am Vassar College (9. Mai).

1935
«The Classic of Tomorrow». *American Architect* 147 (Dezember), S. 10–13.
«A Community Theater». In *Architecture for the New Theater*. Hg. Juliet R. Isaacs (New York: Theater Arts, Inc.), S. 71–86.
«Letters About a Modern School». *Architectural Forum* Bd. 62 (Januar), S. 46–55.
«Modern Architecture for Public Schools». *The School Executive* Bd. 55 (Dezember), S. 136–137, 153.
Maschinengeschriebene Notizen für einen Vortrag in der Memorial Art Gallery, Rochester, New York (5. November).
Typoskript eines Vortrages am Mt. Holyoke College, South Hadley, Massachusetts (6. Februar).
Typoskript eines Vortrages für die National Housing Conference (16. März).
Maschinengeschriebene Notizen für einen Vortrag für die Swiss Society of New York (16. Oktober).

1936
«The Classic of Tomorrow». Vortrag am Art Institute Chicago (6. Oktober).
«The Functional Approach to School Planning». *Architectural Record* Bd. 79 (Juni), S. 481–486.
«Modern Architecture». *L'Architecture d'aujourd'hui* (24. Dezember).
«Modern Architecture in the U.S.A.». *Architectural Review* (24. Dezember).
«Technique for an Architect». Typoskript (20. Januar).
«Technique of the Architect». In *Handbook of Contemporary Materials and Techniques of the Fine Arts* (Brooklyn Museum), S. 84–93.
«This Thing Called Modern». Typoskript für Vortrag im Contemporary Club, Philadelphia (20. April).
Typoskript für den Vortrag am Pierson College, Universität Yale (5. Februar).

1937
«America is Outgrowing Imitation Greek Architecture». *Magazine of Art* Bd. 30 (Juni), S. 336–369. Gekürzte Version in *Architectural Record* Bd. 82 (August), S. 52–57.
«America's Outgrowing Imitation Greek Architecture». Typoskript für Vortrag vor der «Convention of the American Federation of the Arts», Washington D.C. (11. Mai).
«The Architecture of Tomorrow». *The Fashion Group Bulletin* (Mai).
«The Engineered House». Typoskript (9. Mai).
«Four Lectures on Modern Architecture». Typoskript. Teil von «A Symposium on Contemporary Art» an der Sommersession der Universität Columbia (19.–22. Juli).
«Future of the Engineered House». *New York Herald Tribune* Beilage für die Woche des Hauses (9. Mai).
«Let's Build for Today». *Nation's Schools* (20. Dezember), S. 44–47.
«Meaning of Modern Architecture». *The North American Review* Bd. 19 (Herbst), S. 110–120.
«Modern Buildings for Modern Schools». *School Management* (Mai), S. 248–251.
«A Modern Housing for a Museum». *Parnassus* Bd. 9 (November), S. 12–14.
«A New Architecture for a Changed World». *New York Times* (3. Oktober), Teil Magazin, S.12–13, 20.
«On Architecture». Typoskript für das Magazin PM.
«What Trees Could Mean to a City». Typoskript (4. März).
«Why Modern Architecture?». Typoskript (11. Juni).
«Why Modern Architecture?». *Royal Architectural Institute of Canada Journal* Bd. 14 (April), S. 75–76.

1938
«Architecture to Fit the People, Not People to Fit the Architecture». Typoskript für Rundfunkgespräch im Sender WNYC (15. August).
«Modern Buildings for Modern Education». *Progressive Education* Bd. 15 (April), S. 332–336.
«A New Architecture for a Changed World». *Royal Architectural Institute of Canada* Bd. 15 (Januar), S. 271–273.
Typoskript für den Vortrag im Civitas Club, Brooklyn, New York (13. April).
«Why Modern Architecture?». Typoskript für Rundfunkgespräch für das frankophone Programm des Senders W3XAL, International Division, NBC (11. Februar).
«Why Modern Architecture?». Typoskript für das Interview im Century Club, Scranton, Pennsylvania (11. Januar).
«Why Modern Architecture?». *Parent's Magazine* Bd. 13 (Mai), S. 45, 74.

1939
«Architecture Today». *Twice a Year*, Bd. 2 (Frühling/Sommer), S. 122–134.
«Buildings, School and Education». Typoskript (3. Januar).
«Marginal Notes on Architecture». *Virginia Quarterly Review* Bd. 15 (Frühling), S. 267–280. Auszugsweise Veröffentlichung in *Architectural Forum* Bd. 71 (August), S. 24.

1940
«Reminiscences». Typoskript des Vortrags in «New York Architectural League» (25. Januar).
Typoskript des Vortrags an der Universität von Columbia (Juli).
Typoskript des Vortrags an der Universität von Kalifornien (Sommer).

1941
«These Documents Called Buildings». In *The Intent of the Artist* (New York: Russell und Russell. Neuauflage von Princeton University Press, eine Filiale von Athenum Publishers, Inc., 1970).
«Building for Defense». *Architectural Forum* 74 (Juni), S. 127–128, Beilage 42.

1942
On Being an Architect (New York: G. P. Putnam's Sons).

1943
«Types of Schools to Serve Tomorrow's Needs». *American School and University* 15, S. 35–36.
«Planning for Whom, How, and When». Vortrag am Worcester Art Museum (16. Februar).
«Service Station». *Architectural Forum* 78 (Mai), S. 132–133.
«Rambling Thoughts on Post-War Planning and Other Matters». *Ohio Architect* 4 (2. Trimester), S. 8–9.
Homes of the Future. Beschafft vom Amt für Kriegsinformationen.

1944
«Such Stuff as Schools are Made of». *Progressive Education* 22 (Oktober), S. 24–25.

1945
«Post-war Community Planning—Art in a Free World». Vortrag am Museum of Modern Art (24. Februar).
«A New Design for Living». Citizens Housing Council von New York (26. April).

1949
Hudnut, Joseph. Rezension von *Architecture and the Spirit of Man*. In *Saturday Review* (5. November), S. 34.
«Work Done in Field of Large Scale Planning and Housing». Typoskript (5. August).

1950
Kidder Smith, G.E. Besprechung von *Switzerland Builds*. In *Saturday Review* (2. September), S. 39.

1951
«New York State Building Code Commissions: Aims and Accomplishments». *Architectural Record* 109 (Juni), S. 184–188.
«Radio Stations». In *Forms and Functions of Twentieth Century Architecture*. Herausgegeben von Talbot Hamlin (New York: Columbia University Press). «The Correlation of the Arts». *AIA Journal* 18 (November) S. 228–232.

1953
«The Story of Our Time». In *Encyclopedia Yearbook* 16 (New York: Groller Society, Inc.).

1954
«The Arts for and in Buildings». *Liturgical Arts* 22 (Februar), S. 49–51.

1964
«Another Look at PSFS». *Architectural Forum* 120 (Juni), S. 57.

1968
«Thoughts on Art and Architecture». *Art International* 1, 2 (Februar), S. 50.

Bildnachweis

Alle Photographien in diesem Katalog werden mit freundlicher Genehmigung des Lescaze-Archivs bei der Arents Research Library der Syracuse University abgebildet. Ausgenommen hiervon sind folgende Bilder: Haus Peck *Abb. 1,* Charles-Edwin-Wilbour-Bibliothek für Ägyptologie *Abb. 2,* Brooklyn-Kindermuseum *Abb. 1, 2,* Projekt für ein Haus im Jahre 2039 *Abb. 1, 2.*

Haus Simeon Ford
2 Mit freundlicher Genehmigung der Sammlung der Familie Lescaze.

Capital-Bus-Haltestelle
1 Mit freundlicher Genehmigung der Sammlung der Familie Lescaze.

Jagdhütte J. de Sieyes
2, 3, 4 Photos von Palmer Shannon.

PSFS
1, 21, 22, 25, 26, 27, 28 Photos von Richard Dooner.
3 Mit freundlicher Genehmigung der Sammlung der Familie Lescaze.
4 Photo von Deal Studios.
20 Photo von Steiner und Nyholm.
24 Photo von Ralph Steiner.
30 Photo von Peter Nyholm.

Projekt für das Museum of Modern Art
3, 4 Photos von Ralph Steiner.

Haus von Arthur Peck
1 Mit freundlicher Genehmigung von Avery Architectural and Fine Arts Library, Columbia University.

Haus William Stix Wasserman
4, 5 Mit freundlicher Genehmigung der Sammlung der Familie Lescaze.

Haus Frederick Vanderbilt Field
4 Photo von Louis H. Dreyer.

Haus Maurice Wertheim
3, 6 Photos von Renner Studios.

Schule Hessian Hills
2 Photo von Ralph Steiner.

Haus William Curry
4 Photo von W. Dennis Moss.

Dartington-Gebäude
7 Photo von Wilson Gould Studios.
8 Photo von Dell und Wainwright.

Churston-Wohnanlage
1, 3, 6 Photos von Dell und Wainwright

Chrystie-Forsyth
1 Photo von Fairchild Aerial Surveys Inc., N.Y.C.

Stadthaus Lescaze
7 Photo von Ralph Steiner.

Charles-Edwin-Wilbour-Bibliothek
1, 2 Mit freundlicher Genehmigung vom Brooklyn-Museum.

Brooklyn-Kindermuseum
1, 2 Mit freundlicher Genehmigung von Avery Architectural and Fine Arts Library, Columbia University.

Produktgestaltung
1 Photo von Peter Nyholm.

Wohnanlage Ten Eyck
2 Photo von Peter Nyholm.

Kimble-Glass-Gebäude
1, 7, 8 Photos von Peter Nyholm

CBS / Sender KNX
9 Photo von John Naber and Assoc.
4, 5 Photos von J. Gordon Carr Assoc.

Luftfahrtgebäude
2 Photo von John Naber and Assoc.
4, 5 Photos von J. Gordon Carr Assoc.

Schweizer Pavillon
2 Photo von Underwood and Underwood.
3 Photo von John Weber Assoc.

Haus für das Jahr 2039
1, 2 Mit freundlicher Genehmigung von Avery Architectural and Fine Arts Library, Columbia University.

Haus Norman
1, 2 Photos von Gottscho-Schleisner.

Das Spätwerk
1 Photo von Ben Schnall.
2, 9, 12 Photos von Molitor.
5 Photo von Ezra Stoller.
7 Photo von Felix Gilbert.

Dank

Für die grosszügige Unterstützung dieses Projektes möchten wir den folgenden Personen und Institutionen danken:

Alfred Clauss

Museum Brooklyn

Charling Chang Fagan, Bibliothekar der Avery Library, Columbia University

Janet Parks, Zeichnungen der Avery Library, Columbia University

Lee Lescaze

Museum of Modern Art in New York

«National Endowment for the Arts»

«New York State Council on the Arts»

Norman Rice

Philadelphia Saving Fund Society

Sidney F. Huttner, Direktor der Bibliothek George Arents Research Library, Syracuse University

The Dartington Hall Trust

Werner Seligman, Direktor der Syracuse University